GUIA VISUAL FOLHA DE S.PAULO

TOP 10 BUDAPESTE

CRAIG TURP

DK PUBLIFOLHA

DK | Penguin Random House

Top 10 Budapeste

Top 10 de Tudo

SUMÁRIO

Área por Área

Dicas de Viagem

Na opinião dos editores, as atrações das listas Top 10 têm a mesma relevância e não seguem ordem de qualidade ou popularidade.

A sigla AD significa acesso para portadores de deficiência.

Legenda das fotos:
Capa e lombada *Bastião dos Pescadores e Igreja de Matias, às margens do Danúbio*
Página 1 *Estátua de Estêvão I da Hungria, no Bastião dos Pescadores*
Contracapa *Ponte das Correntes iluminada*

Bem-vindo a Budapeste

À beira do Danúbio, a capital húngara é formada por duas cidades. Na margem direita, Buda, com ruas medievais e palácios imperiais; na margem esquerda, Peste, o centro comercial e político da Hungria moderna. Juntas, formam uma das mais lindas paisagens urbanas da Europa. Com o Guia Visual Top 10 Budapeste, a cidade é sua.

Patrimônio Mundial da Unesco, o **Bairro do Castelo** de Buda é onde se originaram a cidade e a Hungria. O **Palácio Real**, que abriga a **Galeria Nacional**, e a histórica **Igreja de Matias** relembram a importância da cidade como centro do Império Habsburgo e do cristianismo. Mais de uma vez, o local foi o bastião final da cristandade contra os otomanos. As esplêndidas **Termas Rudas** e **Termas Veli Bej** bizantinas – que antecedem em três séculos as famosas **Termas Gellért** – provam que, por vezes, os otomanos venceram. Grande parte de Buda pode ser explorada a pé, enquanto funiculares, trens históricos e teleféricos levam aos encantos das onduladas **colinas de Buda**.

Quando a **Ponte das Correntes** foi concluída, em 1849, ligando Buda e Peste pela primeira vez, o coração da cidade se mudou de uma margem do Danúbio para a outra. Desde então, Peste se tornou o polo dinâmico, principalmente no animado bairro central de comércio e lazer em torno da **Váci utca**.

Seja para um único fim de semana ou para estadias maiores, nosso Guia Visual Top 10 descreve o que Budapeste tem de melhor para oferecer, da grandeza de **Buda** ao agito de **Peste**. Suas dicas vão desde atividades gratuitas até informações sobre os melhores restaurantes, além de seis itinerários fáceis de seguir, projetados para conhecer várias atrações em pouco tempo. Acrescente a tudo isso lindas fotografias e mapas detalhados, e desfrute de um companheiro essencial de viagem que cabe no seu bolso. **Aproveite o livro e curta Budapeste.**

No sentido horário de cima para baixo: **interior do Museu Nacional Húngaro; esculturas no Bastião dos Pescadores; interior da Ópera Estatal Húngara; fachada do Parlamento Húngaro com vista para o Danúbio; estátua de um leão na Ponte das Correntes; renda húngara; Monumento ao Centenário da Unificação da Cidade na Ilha Margarida**

Explore Budapeste

Budapeste oferece muitas coisas para ver e fazer. Quer seja para um fim de semana ou para conhecer a cidade melhor, faça com que cada minuto conte. Esses dois itinerários com os principais pontos turísticos vão ajudá-lo a conhecer a fascinante capital da Hungria.

As torres do **Bastião dos Pescadores**, no alto da Colina do Castelo, têm a melhor vista da cidade.

Legenda
- Itinerário de dois dias
- Itinerário de quatro dias

Dois dias em Budapeste

Dia ❶

MANHÃ

Suba com o **funicular da Colina do Castelo** *(p. 49)* até o Bairro do Castelo e passeie pelo jardim do **Palácio Real** *(p. 69)* antes de ver a fantástica coleção de arte estilo Secessão da **Galeria Nacional Húngara** *(pp. 26-9)*.

TARDE

Explore a Buda medieval: a linda **Rua dos Senhores** *(p. 70)*, a **Igreja de Matias** *(pp. 30-1)* e a **Igreja de Santa Maria Madalena** *(p. 71)*, em ruínas. Não perca o **Bastião dos Pescadores** *(p. 70)* e sua linda vista da cidade.

Dia ❷

MANHÃ

Passe algum tempo no **Museu Nacional Húngaro** *(pp. 34-5)* antes de passear pela **Váci utca** *(pp. 18-9)*.

TARDE

Faça uma visita guiada pelo **Parlamento Húngaro** *(pp. 12-3)* e conheça a **Basílica de Santo Estêvão** *(pp. 16-7)*. Depois, veja um espetáculo na **Ópera Estatal Húngara** *(pp. 32-3)*.

Quatro dias em Budapeste

Dia ❶

MANHÃ

Visite a **Ilha Margarida** *(pp. 22-3)*, lindo parque no meio do Danúbio. Não perca o Jardim Japonês.

TARDE

Visite o Bairro do Castelo, a **Rua dos Senhores** *(p. 70)* e a **Igreja de Matias** *(pp. 30-1)*. Admire a vista do **Bastião dos Pescadores** *(p. 70)* e, à noite, relaxe nas **Termas Gellért** *(pp. 20-1)*.

Dia ❷

MANHÃ

Tome café na **Gerbeaud Cukrászda** *(p. 57)*, na Praça Vörösmarty, e ande pela **Váci utca** *(pp. 18-9)*. Visite a **Igreja Paroquial da Cidade Interna** *(p. 44)*.

O Palácio Real, ou Castelo, abriga vários museus, como a admirável Galeria Nacional Húngara.

TARDE

Reserve a tarde inteira para visitar o magnífico **Museu Nacional Húngaro** *(pp. 34-5)*. Se der tempo, conheça o **Museu de Artes Aplicadas** *(p. 90)*, situado em um maravilhoso prédio de estilo secessionista, que merece uma visita.

Dia ❸

MANHÃ

Passeie pela margem de Peste até o **Parlamento Húngaro** *(pp. 12-3)*, parando junto ao Memorial ao Massacre de Judeus, que ocorreu eli em janeiro de 1945 *(p. 48)*. Em seguida, explore a linda **Basílica de Santo Estêvão** *(pp. 16-7)*.

TARDE

A **Grande Sinagoga** *(pp. 36-7)* e seu Museu da História Judaica são imperdíveis. Depois, visite a **Ópera Estatal Húngara** *(pp. 32-3)* e assista a um espetáculo.

Dia ❹

MANHÃ

Comece o dia no **Palácio Real** *(p. 69)*, visitando a **Galeria Nacional Húngara** *(pp. 26-9)* e o **Museu de História de Budapeste** *(p. 69)*.

TARDE

Siga para as **colinas de Buda** *(p. 101)* de teleférico até o topo da **Colina János** *(p. 103)*. Suba pela **Ferrovia das Crianças** *(p. 52)* ao Mirante de Elizabeth. Do alto, contemple a linda vista da cidade.

Top 10 Budapeste

A imponente escadaria
do Parlamento

TOP 10 Destaques

Um dos destaques do triunvirato dos Habsburgo formado por Budapeste, Viena e Praga, a capital húngara é maior do que suas homólogas. Formada por duas cidades separadas – a acidentada Buda, na margem oeste do Danúbio, e a plana Peste, na margem leste –, a cidade é um destino rico em atrações históricas.

1 Parlamento

Visto da margem oposta do rio Danúbio, o Parlamento húngaro é uma das atrações mais famosas de Budapeste. Em suas câmaras, o visitante encontra tesouros magníficos *(pp. 12-5)*.

2 Basílica de Santo Estêvão

Com uma cúpula de 96m de altura visível de toda a cidade, a Basílica de Santo Estêvão abriga a relíquia mais estranha da cidade: o braço mumificado do rei István *(pp. 16-7)*.

3 Váci Utca

Durante séculos a Rua Váci destacou-se como centro comercial da capital húngara, e permanece como polo de compras e da vida social da cidade *(pp. 18-9)*.

4 Termas e Hotel Gellért

Budapeste ganhou fama pelas várias termas que possui. As melhores piscinas abertas e cobertas são as do famoso Hotel Gellért *(pp. 20-1)*.

5 Ilha Margarida

Isolada até o século XIX e por muito tempo um reduto para contemplação religiosa, a verdejante e ainda serena Ilha Margarida é ideal para um passeio sem pressa *(pp. 22-3)*.

6 Galeria Nacional Húngara

As cinco mostras permanentes em exposição no Palácio Real de Budapeste reúnem o acervo de arte húngara mais valioso de todo o mundo *(pp. 26-9)*.

Igreja de Matias 7

Igreja onde eram coroados os reis húngaros, exibe uma espiral em estilo gótico que se eleva sobre a parte alta de Buda. É linda, vista tanto de longe como de perto *(pp. 30-1)*.

8 Ópera Nacional Húngara

Construída para competir com as Óperas de Viena e Dresden, a magnífica Ópera de Budapeste apresenta ótimos espetáculos *(pp. 32-3)*.

9 Museu Nacional Húngaro

Tem inúmeros tesouros, como exposições e artefatos de diversos períodos da tumultuada história do país *(pp. 34-5)*.

10 Grande Sinagoga

A Grande Sinagoga de Budapeste, construída em 1854-59 em estilo bizantino, é a maior da Europa. Abriga o Museu Judaico *(pp. 36-7)*.

Parlamento

Em 1846, o poeta húngaro Mihály Vörösmarty escreveu que "a pátria não tem lar". Em 1902, quando a sede do parlamento ficou pronta depois de décadas de construção, a "casa da pátria" passou a ser uma das edificações neogóticas mais lindas da Europa e a maior existente na época. Era um retrato da autoconfiança que predominava na Hungria no início do século XX. Projetado por Imre Steindl, o Parlamento é um dos cartões-postais mais famosos de Budapeste, perdendo apenas para o Palácio Real.

1 Vista para o Danúbio

Impressionante de perto, o Parlamento fica ainda mais belo visto de longe. Instalado na beira do rio Danúbio **(abaixo)**, seus pináculos e a bela simetria podem ser admirados da outra margem do rio.

2 Entrada Principal

Inspirada no Parlamento britânico e erguida com limites de orçamento, a entrada conta com a vigilância de dois leões esculpidos por Béla Markup e József Somogyi.

3 Joias da Coroa

Banidos da Hungria após a Segunda Guerra Mundial e escondidos nos EUA até 1978, a coroa de Santo Estêvão e o cetro real hoje podem ser vistos no Salão do Domo.

4 Salão da Assembleia

A Câmara Baixa da Hungria é onde se encontram os parlamentares. A marca de bala sobre o púlpito remonta a 1912, quando o político István Tisza foi vítima de um atentado.

5 Escadaria

A magnífica escadaria principal **(à esq.)** é decorada com três lindos afrescos no teto. Um deles é a *Glorificação da Hungria*, de Károly Lotz, que retrata cenas da vida de reis e santos do país.

6 Sala da Delegação

Relíquia da Monarquia Dual *(p. 76)*, nesse local os parlamentares recebiam representantes dos ministérios. Nas paredes há obras de Andor Dudits, e as pinturas feitas no teto, *Sabedoria* e *Fortaleza*, são de Károly Lotz.

Salão do Domo 7

Coração do Parlamento, o Salão do Domo **(à dir.)** já acomodou sessões conjuntas da casa. Cada um dos pilares que sustentam a cúpula exibe a estátua de um rei ou rainha da Hungria *(pp. 14-5)*. Atualmente, o local é usado para cerimônias oficiais.

8 A Conquista

A obra mais bonita é a tela *A conquista*, de Munkácsy. Criada para enfeitar a Câmara dos Comuns, foi rejeitada porque, para alguns, fazia uma representação inadequada do contato entre os magiares e as tribos da Panônia – mais um encontro cordial do que uma conquista heroica.

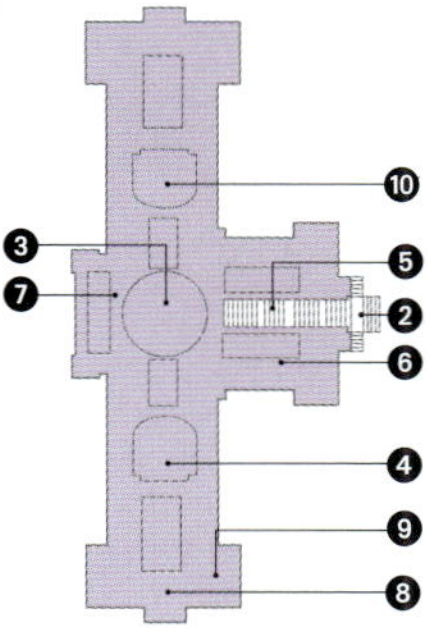

IMRE STEINDL

Antes de enviar seu projeto para o Parlamento húngaro, Imre Steindl também mandou propostas para o Parlamento de Berlim, concorrência vencida por Paul Wallot. Mas a perda na Alemanha beneficiou a Hungria, já que as ideias de Steindl revelaram-se uma obra-prima. O autor do projeto foi homenageado com um busto, criado por Alajos Stróbl e instalado na escadaria.

INFORMAÇÕES

MAPA J1 ■ V, Kossuth Lajos tér 1-3
■ 06 441 49 04; 06 441 44 15 ■ AD
■ http://latogatokozpont.parlament.hu/en

Centro de visitantes: abr-out: 8h-18h diariam; nov-mar: 8h-16h diariam. Mais informações no centro de visitantes.

Entrada paga: Ft2.200 para residentes da UE e Ft5.400 para outros.

■ **A única maneira de ver todas as atrações é com uma visita guiada quando o Parlamento não se encontra em sessão.**

■ **Para reservar, ligue para 06 441 49 04 ou 06 441 44 15 (fala-se inglês), ou visite o site.**

■ **Não há café dentro do Parlamento, mas o centro de visitantes tem um, e encontram-se muitos nos arredores.**

9 Gabinete do Primeiro-Ministro

Apesar de fechado à visitação, é possível admirar a recepção, com pinturas dos anos 1930 de Géza Udvary e Antal Diósy.

10 Salão do Congresso

Sem uso desde 1944, quando o país adotou o sistema unicameral, a antiga sede da Câmara Alta **(acima)** exibe uma linda pintura de Zsigmond Vajda, que mostra o monge Astrik entregando a coroa a Santo Estêvão.

Estátuas do Salão do Domo

Estátua do príncipe Árpád

1 Príncipe Árpád

O príncipe Árpád foi eleito líder das tribos magiares logo depois que elas se instalaram nas planícies da Panônia, em 896 d.C. Esses conquistadores emigravam dos montes Urais, na atual Rússia.

2 Santo Estêvão

Santo Estêvão (István) foi escolhido duque dos magiares em 997. Em seguida, adotou o Cristianismo e em 1001 foi coroado rei pelo papa Silvestre II.

3 São Ladislau

Regente da Hungria entre 1077 e 1095, Ladislau derrotou os turcos e os cumanos e anexou a Croácia em 1092.

4 András II

Filho do rei Béla III e irmão de Emeric, András II foi coroado em 1205. Conseguiu expandir o território magiar no sentido leste, conquistando algumas áreas da Transilvânia e estimulando grupos de magiares a se estabelecer na região.

5 Béla IV

Derrotado pelos tártaros em 1241, Béla IV sobreviveu e reergueu o país, deixado em ruínas após a retirada dos invasores, um ano depois. A gradual e paciente reconstrução da Hungria, que durou 25 anos, levou o rei à condição de herói.

6 Luís I

Coroado em 1342, Luís, o Grande, reinou durante quatro décadas e expandiu o domínio magiar depois das vitórias sobre Veneza e Dalmácia, entre 1357 e 1358. Em 1370, firmou uma união com a Polônia após a morte de seu tio, Casimiro III, então rei naquele país. Governou os dois países até sua morte, em 1382.

7 János Hunyadi

János Hunyadi nasceu em uma família de nobres romenos, os Vlach, que havia tempos serviam ao rei húngaro Sigismundo. Hábil comandante militar, tornou-se líder da Transilvânia em 1441 e regente da Hungria em 1446. Entrou para a História por ter derrotado as tropas turcas na Batalha de Belgrado, em 1456.

8 Matias Corvino

Segundo filho de János, Matias nasceu em Cluj-Napoca, na Transilvânia, e é aclamado como o maior dos reis húngaros. Coroado em 1458, aos 15 anos, era um homem com espírito renascentista, que valorizava as artes, a ciência e a arquitetura. Convidou escritores, pensadores, músicos e artis-

Estátuas do Salão do Domo

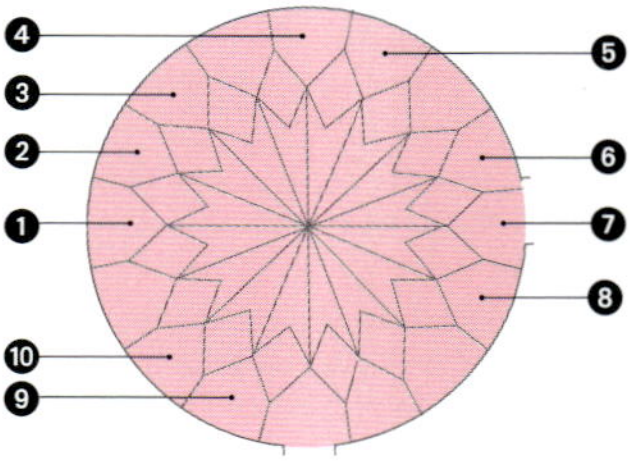

tas para sua corte. As primeiras prensa e biblioteca do país foram criadas durante os 32 anos de seu reinado.

9 Carlos III

Em 1687, a Hungria passou para o controle austríaco e abdicou do direito de ter um rei eleito. Os Habsburgo herdaram o trono e Carlos VI, último líder do Sacro Império Romano da linhagem direta dos Habsburgo, tornou-se Carlos VI da Boêmia e Carlos III da Hungria. Durante seu reinado, passou grande parte do tempo tentando garantir que sua filha, Maria Teresa, assumisse a coroa.

10 Maria Teresa

Maria Teresa subiu ao trono em 1740, fortalecendo a posição da Hungria como parte do Império Habsburgo. Em seu reinado, Buda tornou-se uma cidade imperial e o Palácio Real foi erguido. A cidade também passou a se destacar como um centro artístico da Europa Central, perdendo apenas para Viena. Maria Teresa comandou o país até morrer, em 1780.

Interior do Salão do Domo

SALÃO DO DOMO

Esse ambiente foi a primeira ala a ficar pronta, em 1896, e acomodou uma sessão especial realizada durante as comemorações do Milênio de Budapeste. A cúpula de dezesseis lados – que, com 96m, exibe a mesma altura que a Basílica de Santo Estêvão – foi projetada de forma a ampliar a sensação de espaço. Cada um dos dezesseis pilares que sustentam o domo abriga uma estátua e um brasão de armas de um regente húngaro. Além dos dez ilustres citados acima, as outras seis estátuas representam (no sentido horário) Könyves Kálmán, András III, István Báthory, István Bocskai, Gábor Bethlen e Leopoldo II.

Magnífico teto do salão

TOP 10
DATAS DA HISTÓRIA DO PARLAMENTO

1. **1885** Início da construção, em 12 de outubro
2. **1896** Primeira sessão, em 15 de março
3. **1902** Conclusão das obras
4. **1912** Tentativa de assassinato em 4 de junho
5. **1920** O Tratado do Trianon reduz dois terços do país, em 4 de junho
6. **1944** A Hungria torna-se um país com regime unicameral
7. **1956** Revolta armada contra o regime, em 23 de outubro. Tanques soviéticos intervêm e novo governo é instaurado
8. **1958** Execução do premiê Imre Nagy, em 16 de junho
9. **1989** Os comunistas permitem eleições
10. **1990** Os representantes eleitos assumem seus mandatos

Basílica de S. Estêvão

Construída em homenagem a Santo Estêvão *(p. 40)*, a basílica que leva seu nome é visível em toda a cidade. Com iluminação magnífica à noite, talvez seja a atração mais fotografada de Budapeste. A cúpula tem 96m, mesma altura do Parlamento, por decisão dos construtores de não ultrapassá-lo. Erguida entre 1851 e 1905, a basílica tem forma de cruz grega. Três arquitetos trabalharam no projeto: József Hild, Miklós Ybl e József Kauser.

1 Altar-Mor

Uma estátua de Santo Estêvão (rei István) em tamanho real, criada por Alajos Stróbl, é o destaque do altar-mor **(acima)** da basílica. Diversos afrescos feitos pelo artista Gyula Benczúr, que viveu no século XIX, mostram passagens da vida do santo.

2 Entrada Principal

"Eu sou o caminho, a verdade e a vida", orienta a inscrição em latim destacada sobre a entrada principal da basílica. Acima da mensagem encontram-se diversas estátuas de santos húngaros, que homenageiam Nossa Senhora e o Menino Jesus.

3 Domo e Mosaicos

A cúpula neorenascentista foi projetada por Miklós Ybl em 1867, depois que o domo original, criado por József Hild, cedeu por causa do material e da execução inadequados. Os belos mosaicos **(à dir.)** são de Károly Lotz. Um elevador e escadas levam à plataforma de observação acima da cúpula, com vistas da cidade.

4 Torre Norte

O robusto sino (9.144kg) instalado nessa torre **(abaixo)** foi doado por católicos alemães, como compensação pela perda do sino anterior, o qual, uma vez levado pelos nazistas em fins da Segunda Guerra Mundial, nunca foi encontrado.

5 Porta Principal

A imponente porta, feita de carvalho, exibe medalhões com a cabeça dos doze Apóstolos. Apesar de muito antigos, os entalhes preservaram sua beleza.

6 São Gellért e Santo Américo

Alajos Stróbl esculpiu a estátua de São Gellért e seu pupilo, Santo Américo (Imre, filho de Santo Estêvão), instalada em uma nave no centro do saguão. Em frente fica a estátua de Santa Elizabete, de Károly Senyei.

7 Estátuas dos Doze Apóstolos

As colunas na parte posterior da basílica sustentam estátuas dos doze apóstolos de Leó Feszler. Embaixo há uma galeria neoclássica.

8 Sagrada Mão Direita

A Capela da Sagrada Mão Direita abriga o braço mumificado de Santo Estêvão **(à esq.)**, perto do altar-mor. No século XIII, a relíquia foi levada para Dubrovnik, na Croácia, por Béla IV, que a protegia dos tártaros. Após passar por Viena e pelo Palácio Real de Buda, foi instalada na basílica em 20 de agosto (dia do santo) de 1945.

CONCERTOS

O órgão da Basílica de Santo Estêvão foi feito pela empresa Angster & Sons, da cidade de Pécs, e instalado em 1904. Na época, era considerado o melhor do mundo. Foi ampliado em 1934 e hoje reúne 5.898 tubos. O instrumento pode ser ouvido em concertos especiais, ocasionalmente realizados na basílica.

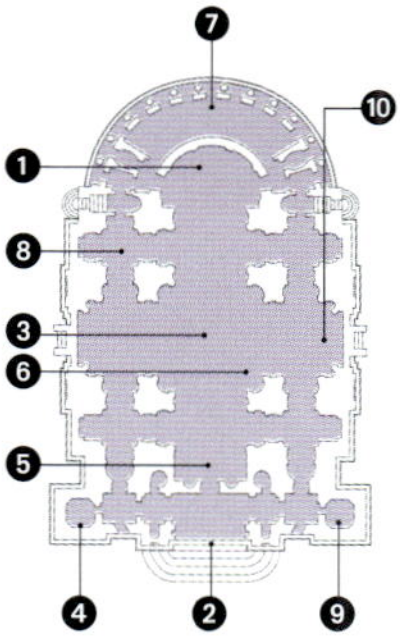

10 Tela de Gyula Benczúr

A pintura de Santo Estêvão, feita por Gyula Benczúr, é uma das obras mais importantes do acervo artístico da Hungria. Retrata o rei István (que morreu sem deixar herdeiros) entregando a coroa à Virgem Maria.

9 Tesouro

Uma réplica da coroa húngara é a peça central da pequena coleção de joias religiosas. A coroa original encontra-se no Parlamento *(pp. 12-5)*. Presentes para os reis da Hungria dados por vários papas também fazem parte da exposição.

INFORMAÇÕES

MAPA L2 ■ V, Szent István tér ■ 06 317 28 59 ■ AD ■ Visitas guiadas: 06 338 21 51; turizmus@basilica.hu

Aberto 9h-17h seg-sex, 9h-13h sáb, 13h-17h dom. Tesouro e torre: horários variam. Visitas guiadas: 10h-15h seg-sáb.

Doações para a igreja principal são bem-vindas, mas não obrigatórias. Visitas guiadas: Ft400 (inclusive Tesouro). Plataforma de observação do domo: Ft500.

■ **Todos os anos, no dia dedicado a Santo Estêvão (20 de agosto), fiéis se reúnem em frente à basílica e carregam em procissão a Sagrada Mão Direita. Chegue cedo para assistir ao espetáculo.**

■ **Escolha entre uma variedade de restaurantes e cafés em frente à entrada principal da basílica.**

Váci Utca

A Váci utca é uma das ruas mais conhecidas da cidade. Dividida em duas partes – a extremidade norte dedicada às lojas e a sul ocupada por bares e restaurantes –, está sempre cheia e funciona como centro social e comercial da capital húngara. Grande parte da rua é de pedestres, apesar de cortada pela via que leva à Ponte Elizabeth. Para sentir a vida na Váci utca, percorra-a do início ao fim.

1 Gerbeaud Cukrászda

Essa é a confeitaria mais famosa de Budapeste **(acima)**. Em atividade desde 1858, destaca-se pelo interior luxuoso *(p. 57)*. O serviço é vagaroso.

2 Estação de Metrô Vörösmarty tér

As paredes com ladrilho, as bilheterias e as plataformas de madeira dessa estação aberta em 1903 explicam por que andar de metrô era considerado chique. Os pequenos trens amarelos são bastante graciosos.

3 Philanthia

Essa floricultura de estilo Secessão abriu em 1905 e hoje ocupa o nº 9, em um edifício de estilo neoclássico. O prédio, construído em 1840 por József Hild, foi ocupado pela Estalagem dos Sete Eleitores, que tinha um grande salão de dança e concertos, em que Franz Liszt se apresentou aos 12 anos.

4 Calçadão

Caminhe por toda a Váci utca **(à dir.)**, de Vörösmarty tér até Vámház körút, e sinta o ambiente no percurso, curtindo o movimento e a bela arquitetura das construções. No verão, é bem possível que você faça o trajeto em meio a muitos turistas, mas o agito faz parte do charme da rua.

5 Palácios Klotild

Instalados na entrada da Ponte Elizabeth, os Palácios Klotild **(abaixo)** são construções geminadas encomendadas pela arquiduquesa Clotilde, nora do imperador Francisco José. Concluídos em 1902, hoje acomodam lojas e escritórios. Também abrigam o Buddha-Bar Hotel *(p. 115)*.

6 Casa Thonet

Erguida entre 1888 e 1890 por Ödön Lechner e Gyula Pártos, a Casa Thonet pertencia a uma família rica. As cerâmicas Zsolnay **(à esq.)** enfeitam as paredes, e a elegante loja vende lindos cristais.

7 Igreja de São Miguel

Erguida por volta de 1230, a igreja **(à esq.)** foi destruída pelos turcos em 1541, reconstruída em 1701 e reformada entre 1964 e 1968. A fachada simples esconde um interior com um belo púlpito dourado e uma cúpula.

VÁCI UTCA

O nome dessa famosa via de Budapeste tem origem simples: no passado, ela era a principal conexão entre Peste e a cidade de Vác *(p. 65)*, 40km ao norte da capital húngara. O portão que levava até Vác ficava no atual nº 3 da Váci utca.

8 Herendi Márkabolt

As cerâmicas Herendi são famosas pela qualidade e pelos detalhes. Essa loja é um dos poucos locais onde o visitante encontra produtos genuínos.

9 Mercado Central

O maior mercado de Budapeste acomoda bancas de verduras, peixes e queijos. Entre as especialidades destaca-se o kolbász, salame picante, e o queijo de ovelha. No piso superior, o visitante encontra artesanato *(p. 59)*.

INFORMAÇÕES

MAPAS C4-C5

Gerbeaud Cukrászda: V, Vörösmarty tér 7; 06 429 90 00; www.gerbeaud.hu; 9h-21h diariam

Philanthia: Váci utca 9; 0670 933 22 66

Casa Thonet: Váci utca 11

Herendi Márkabolt: Kígyó utca 5; 06 266 63 05; 10h-19h diariam

1000 Tea: Váci utca 65; 06 337 82 17

- **Cuidado com os batedores de carteira na Váci utca. E desconfie das atraentes mulheres que convidam os homens para beber nessa rua – a conta ao final da noite vai custar uma pequena fortuna.**
- **Muitos lugares na rua são bem caros e têm estranhas políticas de preços. Verifique se o preço está indicado no cardápio e cheque a conta ao pagar.**

10 1000 Tea

Na Váci utca não faltam lugares para comer, beber e esperar o tempo passar, mas um reduto calmo e longe do agito é o 1000 Tea. Esse café tranquilo oferece ampla seleção de chás do mundo todo. Ótima opção para descansar depois de um dia de compras.

Mapa da Váci utca

Termas e Hotel Gellért

As Termas Gellért são as melhores de Budapeste. A piscina principal talvez seja o exemplo mais precioso da arquitetura neoclássica na Hungria, e é o lugar ideal para apreciar as águas terapêuticas dessa "cidade spa". O hotel, com arquitetura secessionista, foi projetado por Ármin Hegedűs, Artúr Sebestyén e Izidor Sterk e erguido entre 1912 e 1918. Atingido por bombardeios durante a Segunda Guerra Mundial, passou por reformas no fim da década de 1940.

1 Fachada

A fachada em estilo Secessão **(abaixo)** reflete a autoconfiança que marcava a época da construção, na fase final do regime dos Habsburgo, quando a Hungria estava às vésperas da independência.

4 Piscina Central

A impressionante piscina principal **(acima)**, em estilo neoclássico, é a pérola das Termas Gellért. Cercada por galerias e colunas de mármore, exibe belos mosaicos. Para dar um mergulho é obrigatório o uso de touca de natação.

2 Saguão Principal

Decorada com belos mosaicos e estátuas imponentes, a entrada do hotel é uma volta ao passado. Quem vem só para dar uma olhadinha no local encontra um atendimento paciente.

3 Escadaria

Os vitrais **(à dir.)** que decoram a escadaria foram projetados por Bózó Stanisits. As imagens ilustram a lenda de um cervo mágico da poesia de János Arany.

5 Panorama Restaurant & Terrace

Não existe lugar mais agradável para um tranquilo brunch dominical em Budapeste do que o restaurante instalado no primeiro andar do Hotel Gellért. As magníficas vistas permitem apreciar o rio Danúbio, a cidade, o Castelo e o Bastião dos Pescadores.

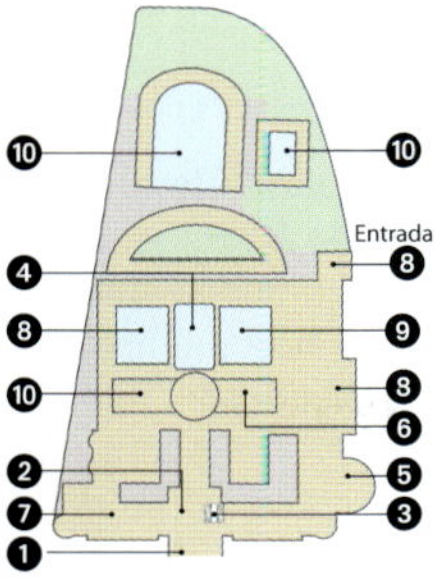

7 Gellért Eszpresszó

Casa de chá ao estilo antigo, esse café oferece boa variedade de deliciosos bolos e doces. As garçonetes de uniforme e os móveis em estilo vienense garantem a elegância do estabelecimento.

8 Torres Orientais

Embora o Hotel Gellért exiba um visual com características secessionistas, as torres em estilo oriental lembram que nesse lugar já funcionou um conjunto de banhos turcos.

Termas 9

No século XIII, durante o reinado de András II, foram descobertas as propriedades terapêuticas das águas desse lugar, que na Idade Média acomodou um hospital. Atualmente, funciona aí uma rede de termas **(à dir.)** com temperaturas variadas, massagens, banhos e serviços médicos adicionais.

ÁGUAS TERAPÊUTICAS

Budapeste é famosa pelas termas, mas raramente os visitantes percebem o papel que elas desempenham na vida dos moradores e a fé depositada nas propriedades de suas águas. Para muitos habitantes mais antigos, elas merecem a mesma importância atribuída pelos otomanos, que identificaram o potencial das 120 fontes da cidade. A maior parte da água contém alto teor de enxofre, elemento considerado eficiente para o combate ao reumatismo, à artrite e até ao mal de Parkinson.

6 Átrios

Três saguões esperam o visitante logo na entrada. Com teto de vidro, o central é o destaque, mas o piso, as paredes, as estatuetas e os bancos dos demais também impressionam. Você pode admirá-los sem entrar nos banhos.

10 Piscinas Abertas

No verão, os banhistas disputam as piscinas abertas e os terraços. A piscina principal foi uma das primeiras do mundo a contar com mecanismo para produção artificial de ondas, em uso até os dias de hoje.

INFORMAÇÕES

MAPA L6

Danubius Hotel Gellért: XI, Szent Gellért tér 1; 06 889 55 00; www.danubiushotels.com/gellert

Termas Gellért: XI, Kelenhegyi út 4; 06 466 61 66; AD; www.budapestspas.hu; 6h-20h diariam Entrada paga Ft5.100 dias de semana, Ft5.300 fins de semana (armários são mais baratos que cabines e ainda mais em conta a 3 horas do horário de fechar)

Panorama Restaurant & Terrace: 12h-24h no verão, 19h-24h no inverno, fechado seg

Gellért Eszpresszó: 9h-20h

- **É possível alugar toalhas e trajes de banho nas termas; no entanto, custam caro. Prefira levar os seus.**
- **O ingresso básico dá direito às termas, à piscina e à sauna. Tratamentos adicionais são cobrados à parte.**

TOP 10 ★ Ilha Margarida

Habitada desde o tempo dos romanos, a Ilha Margarida (Margitsziget) é um oásis cheio de vegetação em pleno rio Danúbio. Deve seu nome à princesa Margit, filha do rei Béla IV, que no século XIII passou a maior parte da sua vida em um convento na ilha, que também foi reduto de caça dos reis medievais. Desde 1869 o local funciona como área de lazer de Budapeste.

1 Convento Dominicano

Uma das atrações mais importantes da ilha são as ruínas do convento dominicano do século XIII fundado por Béla IV. Foi aí que, em 1251, o rei enclausurou sua filha, Margit. Uma placa indica o local onde a princesa está enterrada.

2 Igreja Franciscana

As ruínas da igreja franciscana **(à esq.)** do século XIV ficam no centro da ilha. Apesar de ter restado muito pouco, ainda dá para apreciar a janela em forma de arco e a escadaria.

3 Igreja de São Miguel

A construção mais antiga da Ilha Margarida é essa igreja, fundada no século XI e destruída pelos turcos em 1541. O que se vê hoje é uma reconstrução feita na década de 1930, que utilizou parte do material da igreja original.

4 Monumento ao Centenário

Esse monumento modernista **(à esq.)** foi erguido em 1973, para comemorar o centenário da unificação das cidades de Buda, Óbuda e Peste.

5 Jardim Japonês

O mais gracioso local da ilha tem inspiração japonesa **(abaixo)** e fica na extremidade norte. Tem uma variedade de flores, pedras e quedas-d´água.

INFORMAÇÕES

MAPA B1 ■ Ilha Margarida (Margitsziget): Budapest XIII

■ **A forma mais fácil de chegar à ilha é a bordo do ônibus nº 26, que sai da estação Nyugati – mas ir de barco é mais agradável. No verão, o barco D13 do transporte público percorre o Danúbio com duas paradas na ilha, perto do Monumento ao Centenário e dos hotéis ao norte. Horários em bkk.hu/en.**

■ **No Palatinus Strand você pode comer *lángos* (massa frita com coberturas) e cachorro-quente. Para uma refeição mais tradicional, opte pelo Danubius Grand Hotel Margitsziget.**

⑥ Torre de Água

A Torre de Água **(abaixo)**, construída em 1911 e protegida pela UNESCO, também funciona como salão de exposições durante o verão. Tem 57m de altura, e de sua galeria há vistas panorâmicas da ilha inteira.

⑧ Fonte Musical

De março a outubro, essa fonte funciona de manhã e de noite e faz a água dançar ao ritmo de música clássica ou pop. A apresentação da noite é enfeitada por um show de luzes coloridas.

PRINCESA MARGIT (MARGARIDA)

Após os horrores da invasão dos mongóis e a destruição de Budapeste, entre 1241 e 1242, Béla IV, em desespero, prometeu entregar sua filha a Deus em troca do afastamento permanente dos invasores. Em 1251, o rei cumpriu a promessa e enviou a menina de 9 anos, Margit, para um convento na ilha, onde ela passou o resto da vida. Os mongóis nunca mais voltaram.

⑩ Poço Bodor

Esse peculiar poço **(abaixo)** é, na verdade, uma cópia do original, construído em 1820 em Târgu Mures, uma cidade da Romênia. A construção foi feita em 1936 e a cada hora toca um trecho de música.

⑦ Palatinus Strand

Aberto em 1919, esse grande conjunto de piscinas é disputado o dia todo. Os usuários aproveitam as águas terapêuticas vindas das fontes termais existentes na ilha *(p. 47)*. Há tobogãs e piscinas especiais para as crianças.

⑨ Danubius Grand Hotel Margitsziget

Esse hotel lendário, projetado por Miklós Ybl, está em atividade desde 1872. Durante anos foi o mais badalado da cidade e hospedou nobres vindos de toda a Europa. Atualmente, abriga um spa *(p. 47)*.

Páginas seguintes *Ponte das Correntes, sobre o Danúbio*

Galeria Nacional Húngara

Os tesouros desse museu de arte estão instalados no Palácio Real desde 1975, quando grande parte do edifício histórico foi doada para a Galeria. No acervo, há desde peças de arte medieval até obras atuais, divididas em seis mostras permanentes que reúnem pérolas das artes do país. A galeria destaca-se pelas obras do estilo Secessão *(p. 29)* e divide sua coleção com o Museu de Belas-Artes *(p. 95)*.

1 A Reconquista do Castelo de Buda em 1686

Gyula Benczúr criou essa obra-prima **(abaixo)** para as festas do Milênio, em 1896. A ideia era mostrar a necessidade do controle austro-húngaro e que a Hungria só foi libertada do domínio turco graças a Carlos da Lotharingia e a Eugênio de Savoia.

2 Piquenique em Maio

Pintado de memória em 1873 por Pál Szinyei Merse, *Piquenique em maio* lembra os impressionistas franceses. O artista se retratou de costas.

3 Mulheres de Eger

Além de seus célebres retratos, Bertalan Székely criou várias telas históricas que mostram heroicas figuras femininas em estilo romântico. A obra *Mulheres de Eger* (1867) registra as moradoras da cidade defendendo o castelo de Eger da invasão dos turcos.

4 Cripta dos Habsburgo

Essa cripta, com o sarcófago do arquiduque José, é uma pérola neoclássica de mármore branco e preto e folhas de ouro. Aberta só para visitas guiadas.

5 Grande Sala do Trono

Uma sala inteira da galeria é dedicada a peças de altar góticas dos séculos XV e XVI. As mais representativas, pintadas em 1520, representam Santa Ana e São João Batista e foram trazidas de uma igreja de Kisszeben, hoje Sabinov, Eslováquia.

6 A Visita

Nada se sabe sobre o mestre MS, maior representante do período gótico tardio no país. Sua melhor criação **(acima)** retrata o encontro da Virgem Maria e Santa Isabel.

7 O Aprendiz com Sono

Essa tela (1867) **(abaixo)** é uma obra famosa e muito apreciada de Mihály Munkácsy, astro do realismo húngaro e mestre na representação de detalhes.

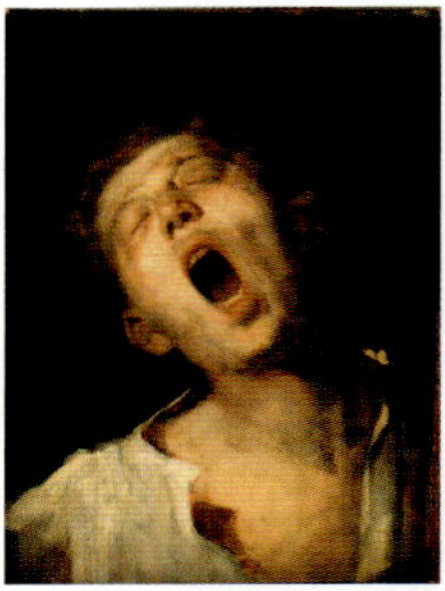

8 Entrada

Parte do palácio do século XVIII que pertenceu a Maria Teresa, a fachada barroca tardia exibe influências ecléticas.

Canto do Pássaro 9

Károly Ferenczy foi um dos melhores artistas húngaros do final do século XIX. Essa obra **(à dir.)**, pintada em 1893, é uma de suas mais belas. O artista afastou-se do "naturalismo delicado" de franceses como Jules Bastien-Lepage para desenvolver um estilo próprio.

MIHÁLY MUNKÁCSY

Considerado o maior artista húngaro, Mihály Munkácsy começou sua carreira trabalhando com entalhes em madeira. Em 1869, aos 25 anos, mudou-se para Paris, onde pintou uma série de obras-primas, entre elas *Mulher Batendo Leite* e *Mulher Carregando Gravetos*, ambas expostas atualmente na Galeria Nacional. Munkácsy faleceu em 1900, aos 55 anos, em Paris.

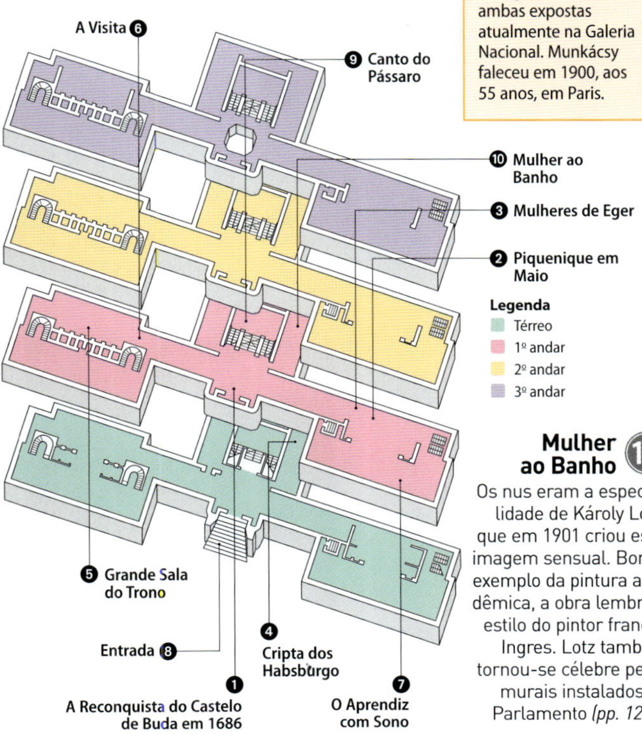

Mulher ao Banho 10

Os nus eram a especialidade de Károly Lotz, que em 1901 criou essa imagem sensual. Bonito exemplo da pintura acadêmica, a obra lembra o estilo do pintor francês Ingres. Lotz também tornou-se célebre pelos murais instalados do Parlamento *(pp. 12-5)*.

INFORMAÇÕES

MAPA H4 ■ Castelo de Buda, Edifícios A, B, C e D do Palácio Real ■ 06 201 90 82; 0620 439 73 31 ■ AD no edifício A ■ www.mng.hu

Aberto 10h-18h ter-dom

Entrada paga Ft1.800; audioguia em inglês para coleções selecionadas, Ft800

■ **Visita guiada gratuita ao acervo permanente, em inglês, a partir das 14h às quintas e 11h aos sábados. Para informações e reservas, ligue 06 201 90 82.**

■ **Em 2018, parte das coleções dos séculos XIX e XX deve ser transferida para uma nova galeria no Városliget (Parque da Cidade).**

Obras em Estilo Secessão

1 Dama com Vestido de Bolinhas Brancas

József Rippl-Rónai (1861-1927) foi um dos três maiores representantes do movimento secessionista e estudou em Paris quando o Art Nouveau começava a florescer. Sua obra-prima, de 1889, retrata uma modelo em uma pose artificial, fingindo ser surpreendida. É considerada obra inaugural do estilo secessionista na Hungria.

Dama com Vestido de Bolinhas Brancas

2 Mulher com uma Gaiola

Criada no início da trajetória de Rippl-Rónai, a obra *Mulher com uma gaiola* (1892) destacou-se pelo maravilhoso uso dos contrastes – observe o branco das mãos da menina em oposição ao fundo escuro e desfocado da tela. A postura contida da modelo que segura a gaiola é uma das características mais marcantes do artista.

3 O Solar de Körtvélyes

Em 1904, Rippl-Rónai visitou a Itália e ficou fascinado com os mosaicos decorativos que viu nas casas. Essa obra, criada três anos depois, anunciava a transição das pinceladas suaves para os toques mais ousados, que culminaria nas pinturas intensas produzidas nos últimos anos de sua vida.

O Solar de Körtvélyes

4 Garotas se Vestindo

Essa obra de Rippl-Rónai, de 1912, mostra a progressão de seu estilo característico de pinceladas, com traços e cores mais fortes. A pose estranha da garota à esquerda foge à tendência do artista de brincar com a percepção dos espectadores.

5 A Era de Ouro

Segundo do trio de astros secessionistas, János Vaszary (1867-1939) oscilou entre os estilos art nouveau e pós-impressionista. Sua maior obra talvez seja essa versão da nostálgica busca do paraíso perdido, feita em 1898.

Baile de Máscaras

6 Baile de Máscaras

Essa colorida tela, feita por Vaszary em 1907, retrata a sociedade budapestina com toques de decadência. Note a expressão maliciosa do homem e a pose provocante da mulher.

7 Café da Manhã ao Ar Livre

Essa tela de Vaszary exibe um fabuloso uso de luzes e cores. À primeira vista, parece um retrato simpático da sociedade da capital húngara, mas a indiferença dos pais em relação ao comportamento da garota também pode ser interpretada como uma crítica aos valores da época.

8 Corredores no Parque

Pintada em 1919, essa tela é outro belo exemplo da pintura secessionista tardia de Vaszary, marcada por pinceladas intensas e forte contraste de cores. A influência de Matisse, que o artista conheceu em Paris, é clara.

9 O Jardim do Mágico

Lajos Gulácsy (1882-1932) era o mais jovem do trio secessionista. Seu estilo e seu enfoque foram influenciados pelos treze anos que passou na Itália, onde pintou *O jardim do mágico*. Suas obras também mostram ecos dos pré-rafaelitas ingleses, especialmente Dante Gabriel Rossetti.

O Jardim do Mágico

10 Autorretrato com Chapéu

Feita em 1912, essa tela de Lajos Gulácsy revela a visão peculiar que o artista tinha do mundo e talvez a falta de crença em seu próprio talento. Nessa obra, destaca-se a expressão de ansiedade e vulnerabilidade em seu rosto.

ESTILO SECESSIONISTA

Desde sua origem em meio aos artistas de vanguarda na Viena da década de 1880 até desembocar no estilo conhecido como Art Déco, nos anos 1920, o movimento secessionista foi uma tentativa de romper com o historicismo romântico que marcou a arte do século XIX. Buscava novas inspirações, sobretudo nas intensas cores da arte folclórica da Transilvânia. Muitas vezes marcado pela adoção de desenhos fantásticos, tons fortes e formas estilizadas, a Secessão retomou dos nacionalistas a criação artística. Atingiu todas as formas de criação decorativa e visual, da pintura e escultura ao design de interiores. Está presente nas telas da Galeria Nacional Húngara, nos belos ladrilhos *zsolnay* espalhados pela cidade e, acima de tudo, na arquitetura da época.

TOP 10 CONSTRUÇÕES SECESSIONISTAS

1 Four Seasons Hotel Gresham Palace *(mapa K3)*
2 Hotel Danubius Gellért *(mapa L6)*
3 Museu de Artes Aplicadas *(mapa D5)*
4 Instituto de Geologia *(mapa F3)*
5 Banco Nacional da Hungria *(mapa K2)*
6 Banco dos Correios *(mapa L2)*
7 Igreja Calvinista Városliget *(mapa E3)*
8 Academia Franz Liszt de Música *(mapa D3)*
9 Palácio Nova York *(mapa D4)*
10 Teatro Novo *(mapa M2)*

O Palácio Gresham, que abriga hoje um hotel, é famoso por seus vitrais e mosaicos secessionistas *(pp. 83 e 116)*.

Igreja de Matias

A variedade de estilos arquitetônicos revela a turbulenta história da Igreja e da própria Budapeste. Destruída em 1241, foi reerguida entre 1255 e 1269 como parte da cidade fortificada idealizada por Béla IV. Grandes trechos dessa edificação gótica ainda persistem, apesar da ampliação feita no século XV por Matias Corvino, rei que dá nome à igreja. A fase final da restauração ocorreu entre 1873 e 1896, quando Frigyes Schulek acrescentou itens neobarrocos.

2 Rosácea

A rosácea neogótica **(à esq.)** instalada acima da porta principal foi recriada por Schulek depois de ele descobrir, durante a restauração da igreja, fragmentos da rosácea original, que havia sido coberta no período barroco.

1 Torre Béla

Nomeada em homenagem ao rei Béla IV, essa linda torre preserva vários elementos góticos originais, mas a espira e os torreões são reconstruções. Observe que a torre é a parte menos decorada de toda a igreja.

3 Altar

Em estilo gótico, o altar **(à dir.)** exibe uma réplica da Santa Coroa Húngara instalada sobre a cabeça da Virgem Maria. Dedicado a Nossa Senhora, foi projetado por Schulek e ficou pronto em 1893.

4 Capela do Loreto e Madona Barroca

Segundo a lenda, em 1686 a Madona **(à dir.)** apareceu diante dos turcos, que consideraram a visão um anúncio da derrota. As tropas dos Habsburgo tomaram o castelo na mesma noite.

INFORMAÇÕES

MAPA H2 ■ I, Szentháromság tér 2 ■ 06 489 07 16 ■ Visitas guiadas ■ AD ■ www.matyas-templom.hu

Aberto 9h-17h seg-sex, 9h-13h sáb, 13h-17h dom. Entrada paga Ft1.500. Fechado para missas e eventos.

■ **Perto da entrada principal, o visitante encontra a programação com dias e horários dos concertos de música clássica realizados na igreja duas a três vezes por semana.**

■ **Ruszwurm, um dos mais históricos cafés de Budapeste** ***(p. 72)*****, fica do outro lado da praça, a uma pequena caminhada pela Szentháromság utca.**

5 Porta de Maria

Outro belo exemplo de entalhe em pedra em estilo gótico da Hungria, essa porta foi reconstruída por Schulek no século XIX usando fragmentos da estrutura original.

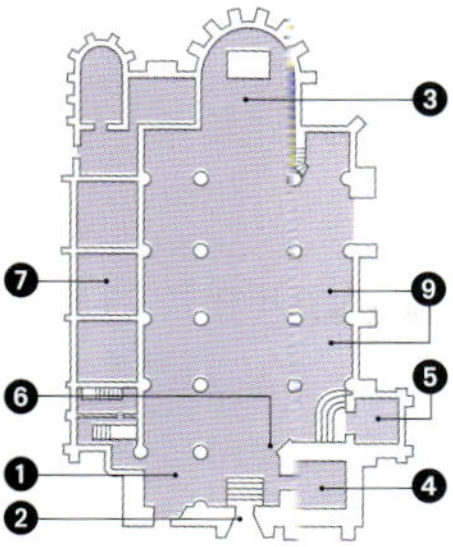

8 Missa Dominical

Os dois órgãos Rieger de 1909, os melhores da Hungria, são tocados na missa às 10h dos domingos, acompanhando o coral. Tradicional centro de música sacra, a Igreja de Matias sedia mais de cem concertos por ano.

REI MATIAS

Um dos personagens principais da história da Hungria, Matias Corvino tem origens controversas, tanto que sérvios e romenos reivindicam sua nacionalidade. O que se sabe é que Matei Corvin, como o rei é conhecido entre os romenos, nasceu em Cluj-Napoca, atual Romênia. Era filho de János Hunyadi, neto de sérvios. Até hoje, suas raízes familiares constituem uma das principais causas de tensão entre historiadores húngaros e romenos *(p. 14)*.

9 Vitrais

Projetadas por Frigyes Schulek e pintadas por Károly Lotz, as três janelas do sul da igreja retratam cenas da vida da Virgem Maria, da família de Béla IV e da trajetória de Santa Isabel de Árpádház, que casou-se com 13 anos, enviuvou aos 19 e morreu aos 24.

6 Imagens Ocultas do Rei Luís

Ao entrar na igreja, vire-se e observe as imagens do rei Luís, o Grande, e de sua esposa, na parte superior do pilar ao lado da porta. Elas datam do século XIV.

7 Túmulo do Rei Béla III e de Ana de Châtillon

Schulek projetou esse elaborado túmulo após a descoberta dos restos mortais de Béla III e de sua primeira esposa em 1862, durante as escavações na Catedral Székesfehérvár.

10 Telhado

O magnífico telhado multicolorido **(abaixo)** foi adicionado entre 1950 e 1970. A estrutura original, mais simples, foi bombardeada pelos soviéticos no cerco a Buda, em 1944-45.

TOP 10 Ópera Nacional Húngara

Em nenhuma outra parte de Budapeste o *Ancien Régime* parece tão vivo como na Ópera Nacional Húngara, projetada pelo arquiteto Miklós Ybl. Obra-prima neorrenascentista construída em 1884, quando dinheiro não era problema, exibe um interior que impressiona pelo luxo. Em pé de igualdade com qualquer ópera do mundo, acomodou grandes expoentes do cenário musical centro-europeu, como Ferenc Erkel, Gustav Mahler e Otto Klemperer, entre outros.

1 Fachada

A passagem do tempo poupou a Andrássy út, e a Ópera Nacional Húngara não ficou cercada por construções como outras atrações da cidade. Apesar de bastante comum, a fachada **(acima)**, com colunas, balcões e galerias, impressiona.

2 Entrada Principal

Basta estar na sublime entrada da Ópera Nacional Húngara, sob seu teto coberto de murais, para desejar ser transportado para o século XIX, quando a elite da cidade chegava com suas carruagens para prestigiar as estreias da casa.

3 Átrio

Maravilhoso conjunto de murais, colunas e candelabros **(à dir.)**, exibe teto abobadado e em tons dourados. Encomendado para competir com o da Ópera de Viena, o átrio concebido por Ybl não decepciona.

4 Murais do Átrio

Pintados por Bertalan Székely e Mór Than, os lindos murais do átrio cobrem todo o teto e retratam as nove musas e outras cenas alegóricas.

5 Palco Principal

Durante a construção da Ópera, um incêndio atingiu o Ring Theatre de Viena. Por medida de segurança, foram instalados cortina à prova de fogo, sistema hidráulico de metal no palco e borrifadores, o que tornou essa casa de óperas uma das mais modernas da Europa na época.

6 Estátuas de Liszt e Erkel

As imagens de dois grandes compositores húngaros, Franz Liszt e Ferenc Erkel, guardam a entrada da Ópera. Ambas levam a assinatura de Alajos Stróbl, responsável também por grande parte da decoração interna.

8 Escadaria

Um elegante tapete vermelho cobre a escadaria de mármore **(à esq.)**, outro dos destaques da Ópera Nacional Húngara. Os painéis dourados do teto exibem nove pinturas de Mór Than que mostram o despertar e o triunfo da música.

BÁNK BÁN

A ópera mais famosa da Hungria, *Bánk Bán*, foi escrita por Ferenc Erkel e estreou em 1861. A trama começa com Otto, irmão da rainha Gertrude, que planeja seduzir a esposa de um fiel vice-rei húngaro, Bánk. O cavaleiro Biberach revela os planos de Otto, e Bánk decide organizar uma rebelião contra a corte. Pouco encenada hoje, em 2001 foi transformada em um filme dirigido por Csaba Káel.

10 Candelabro

Sobre a plateia, um candelabro de 2.722kg feito em Mainz **(à esq.)** ilumina um afresco dos deuses gregos no Olimpo, de Károly Lotz. Mais ao alto, há uma abertura para a ventilação.

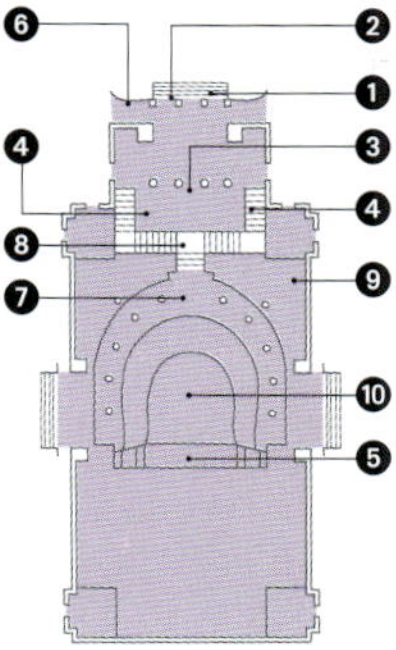

7 Camarote Real

Ybl insistia que o camarote real era sua melhor realização. Com esculturas que simbolizam os quatro registros vocais (soprano, baixo, tenor e barítono), situa-se no centro de um círculo com três andares.

9 Museu

O museu abriga vários objetos de músicos famosos que se apresentaram no palco da Ópera. O barítono húngaro Sándor Svéd, que durante anos atuou no Metropolitan de Nova York, é um dos destaques.

INFORMAÇÕES

MAPA M2 ■ VI, Andrássy út 22 ■ 06 814 71 00; Bilheteria: 06 814 72 25; Visitas guiadas: 06 332 81 97 ■ AD ■ www.opera.hu ■ www.operavisit.hu

Visitas guiadas: 15h e 16h diariam; Ft2.900

■ **Admire a fachada, a entrada principal e o átrio durante o dia, pois a bilheteria funciona diariamente entre 11h e 17h. Para ver o restante da ópera, junte-se a uma visita guiada.**

■ **Assistir a um espetáculo é a melhor maneira de conhecer a ópera. Os ingressos geralmente são mais baratos que em outros países europeus. Para preços ainda mais em conta, vá ao Teatro Erkel, na II. János Pál pápa tér 30 (06 332 61 50).**

■ **O ótimo café e bar Balettcipő fica perto, na 14 Hajós utca.**

TOP 10 Museu Nacional Húngaro

Desde sua fundação, em 1802, esse fascinante museu abriga um elogiado acervo de obras de arte, objetos e documentos relacionados com a agitada história do país. A construção onde está instalado é uma pérola da arquitetura neoclássica. Projetado por Mihály Pollack, o museu exibe em seu interior afrescos de Károly Lotz e Mór Than.

1 Coroa Monomachos

Essa decorada coroa **(acima)** é feita com placas de ouro e remonta ao período entre 1042 e 1050. Os adornos de ouro exibem alegorias das Grandes Virtudes, tema bastante comum na arte bizantina.

2 Manto da Coroação

Essa peça de seda, com a imagem de Cristo e dos Apóstolos, foi doada em 1031 por Santo Estêvão para uma igreja em Székesfehérvár. Depois foi usada pelos reis húngaros.

3 Coroa Funerária

Encontrada na igreja dominicana da Ilha Margarida em 1838, essa coroa de ouro remonta ao século XIII. Foi usada por uma nobre da família Árpád no leito de morte.

4 Candidato – Marcha em Frente ao Museu Nacional

Como o título sugere, essa pintura pré-Secessão de Franz Weiss retrata a disputa política entre conservadores e reformistas entre 1847 e 1848, quando a Hungria, diferente da maioria das nações ocidentais, ainda vivia sob o feudalismo.

6 Crucifixo Processional

Esse crucifixo **(acima)** é de Szerecseny. Outro parecido pode ser visto no Museu de Santo Estêvão, em Székesfehérvár, e acredita-se que os dois tenham sido criados pelo mesmo artista. Na Hungria, foram encontradas várias dessas peças nas igrejas destruídas durante a invasão dos tártaros, em 1241.

7 Placa para Alforje, Galgóc

Essa placa é um dos mais belos exemplos de ornamento com motivos de palmetas do período da Conquista. Conforme as crenças antigas, a palmeta simbolizava a Árvore da Vida.

5 Clavicórdio de Mozart

Leopold Mozart comprou esse clavicórdio portátil **(acima)** para seu filho, Wolfgang Amadeus Mozart. O talentoso menino usava o instrumento para praticar enquanto viajava em suas turnês.

8 Diadema

Confeccionada no período huno (século V d.C.), esse elegante diadema de ouro **(acima)** é a peça mais antiga do gênero. Foi descoberta em Csorna e exibe 158 pedras preciosas.

FERENC E ISTVÁN SZÉCHENYI

Dificilmente o Museu Nacional Húngaro existiria sem o acervo de obras de arte doado à instituição em 1802 pelo conde Ferenc Széchényi, que também criou a Biblioteca Nacional. O filho do nobre, conde István Széchenyi, também é considerado um dos húngaros mais ilustres. Aristocrata com interesses amplos, István escreveu estudos sobre a revolta dos camponeses, defendeu a reforma agrária e uma política de reformas e financiou a construção da primeira ferrovia do país, que ligava Peste a Vác.

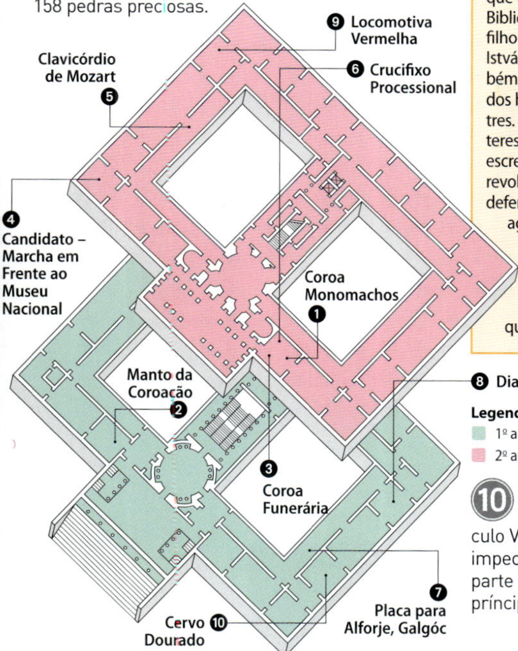

10 Cervo Dourado

Feita à mão no século VI a.C., essa peça impecável **(abaixo)** fazia parte do escudo de um príncipe da Cíntia.

9 Locomotiva Vermelha

Pintada por Sándor Bortnyik, essa obra no estilo cubista é um belo exemplo de arte ativista do primeiro quarto do século XX. As cores vivas, como o vermelho e o azul, contrastam com o branco para dar um sentido de movimento.

INFORMAÇÕES

MAPA M5 ■ VIII, Múzeum körút 14-16 ■ 06 338 21 22 ■ AD ■ www.mnm.hu

Aberto 10h-18h ter-dom. Entrada paga Ft1.600; Ft800 para residentes da UE menores de 26 ou maiores de 62 anos; grátis para maiores de 70 anos.

■ **O Museu Nacional Húngaro ocupa três andares. No porão há mosaicos romanos, enquanto no primeiro andar ficam as mostras do século V a.C. até a Idade Média. O segundo andar acomoda as peças criadas entre o século XI e os dias de hoje.**

■ **Há um bom café na Múzeum Kávéház és Étterem** ***(p. 93)***, **perto do Museu Nacional.**

Grande Sinagoga

Em estilo bizantino-mourisco, a maior sinagoga da Europa foi construída segundo projeto do arquiteto vienense Ludwig Förster entre 1854 e 1859. Com capacidade para mais de 3 mil fiéis, abriga um museu de relíquias históricas, com itens de devoção judaicos, e um comovente Memorial do Holocausto.

1 Torres Gêmeas, Cúpulas em Forma de Cebola

A Grande Sinagoga, a primeira da Europa em estilo oriental, tem torres mouriscas **(acima)** de 43m de altura e cúpulas em forma de cebola.

2 Galerias Superiores

Lindamente decoradas, as galerias **(acima)** foram construídas para serem ocupadas pelas mulheres, que, segundo a tradição, deviam ficar separadas. Hoje, todos os fiéis se sentam embaixo.

3 Lustres

Em estilo espanhol, os dois lustres **(à direita)** que pendem do teto da ala principal são semelhantes aos da Ópera Estatal Húngara: seu desenho era comum nas salas de concerto de toda a Europa na época.

4 Concertos de Órgão

O órgão original de cinco mil tubos – instalado em 1859 e no qual Franz Liszt tocou na cerimônia de consagração da sinagoga – foi substituído por um órgão mecânico em 1996. O local recebe concertos regulares durante o verão.

5 Rosácea

A rosácea incrustada acima da entrada principal é uma referência à arquitetura das igrejas da Hungria medieval.

6 Menorá no Pavimento

A forma de uma menorá no pavimento diante da sinagoga nem sempre é notada pelos visitantes, que só veem o prédio.

8 Museu Judaico

Aberto em 1931, esse museu **(acima)** abriga uma coleção de objetos históricos judaicos, desde a antiga Roma até o século XX. No pátio de trás fica um memorial aos 600 mil judeus húngaros mortos no Holocausto. É dedicado a Raoul Wallenberg.

9 A Arca

A Arca **(acima)** contém pergaminhos salvos de outras sinagogas e escondidos dos nazistas por padres católicos na Segunda Guerra Mundial.

7 Inscrição acima da Entrada Principal

Gravado em ouro acima da entrada, em hebraico, está um versículo do Livro do Êxodo: "E me farão um santuário, e habitarei no meio deles".

10 Os Dez Mandamentos

Duas tábuas de pedra **(acima)** situadas no alto da sinagoga contêm os Dez Mandamentos gravados em hebraico.

RAOUL WALLENBERG

Acredita-se que o diplomata sueco Raoul Wallenberg tenha salvado cerca de 100 mil judeus húngaros em 1944-45, dando-lhes documentos suecos para viajar. Wallenberg também negociou com o major-general Gerhard Schmidthuber, chefe das forças alemãs na Hungria, para evitar a destruição do gueto de Budapeste em janeiro de 1945. Contudo, alguns dias depois, quando o Exército Vermelho já ocupava a cidade, Wallenberg foi detido como espião pela União Soviética e levado à prisão Lubianka, de Moscou. Supõe-se que tenha morrido lá, de infarto, em 1947. Foi declarado Justo entre as Nações pelo governo de Israel em 1996.

Pode-se visitar um memorial dedicado a Raoul Wallenberg na esquina da Szilágyi Erzsébet fasor com a Nagyajtai utca (Mapa N1).

INFORMAÇÕES

MAPA D4 ■ VII, Dohány utca 2 ■ 06 462 04 77

Aberto mar-out: 10h-18h dom-qui, 10h-16h sex (1-28 mar: até 15h30 sex); nov-fev: 10h-16h dom-qui, 10h-14h sex. Visitas guiadas de hora em hora, em várias línguas, a partir das 10h30. Entrada paga.

■ **Passeios pelo bairro judaico seis vezes por dia (dom-sex).**

■ **O restaurante Kádár Étkezde, duas quadras ao norte, serve comida judaica-húngara *(p. 93)*.**

Top 10 de Tudo

Piscina termal e edifícios neobarrocos das Termas Széchenyi

TOP 10 História

1 409 d.C.: Os Hunos Conquistam Aquincum

Fundada na região hoje ocupada pela periferia norte da cidade, Aquincum *(p. 101)* era uma importante cidade e posto militar da província romana da Panônia. Foi conquistada pelos hunos em 409, e posteriormente dominada pelos godos, lombardos e ávaros.

2 896: Árpád Conduz os Magiares à Panônia

Em 896, o príncipe Árpád conduziu os magiares – tribo nômade que veio dos montes Urais e viveu em uma área a leste do rio Tisza – rumo à Panônia. No início, ocupou a ilha de Csepel, no meio do rio Danúbio, ao sul de Budapeste, e depois fundou Óbuda ("Buda antiga", em húngaro arcaico).

Príncipe Árpád, líder dos magiares

3 1000: Estêvão I Torna-se Rei

Estêvão (István) foi coroado pelo papa por ter sido o primeiro magiar a adotar a religião cristã. Foi o responsável pela consolidação da dinastia Árpád, que durou mais de 300 anos.

Coroação do rei Estêvão I

4 1687: Início da Era dos Habsburgo

Os Habsburgo tornaram-se regentes da Hungria mais por negociação do que por conquista. O domínio ficou completo em 1687, quando os húngaros abdicaram do direito de eleger o próprio rei e passaram a coroa ao império Habsburgo, que governou o país até 1918.

5 1849: A Ponte das Correntes Liga Buda e Peste

Primeira ponte permanente sobre o rio Danúbio, a Ponte das Correntes foi projetada pelo inglês William Tierney Clark e erguida pelo escocês Adam Clark. Ao ficar pronta, em 1849, permitiu a unificação das cidades de Buda, Óbuda e Peste, ocorrida cerca de vinte e quatro anos depois.

6 1916: Carlos IV é Coroado o Último Rei da Hungria

Após a morte do imperador Francisco José, em 1916, Carlos IV tornou-se rei da Hungria. Abdicou em novembro de 1918, tentou recuperar o posto em 1919 após a derrota dos comunistas de Béla Kun, mas foi exilado na ilha da Madeira, em Portugal, onde morreu em 1922.

7 1944: Surge o Gueto de Budapeste

Em 1944, o regime nazista e os aliados húngaros confinaram cerca de 70 mil judeus na área próxima à Grande Sinagoga *(pp. 36-7)*. Cerca de 20 mil perseguidos morreram, mas estima-se que 50 mil tenham sido libertados pelo Exército Vermelho, em fevereiro de 1945.

8 1956: O Levante Húngaro

Após demonstrações populares contrárias à presença soviética, em outubro de 1956, o Comitê Central do Partido Comunista Húngaro indicou Imre Nagy para primeiro-ministro. Mas em 4 de novembro, só dezoito dias depois de assumir o posto, o exército soviético invadiu a Hungria e aboliu o governo. Passados dois anos, Imre Nagy foi preso e executado.

Multidão em apoio à proclamação da República da Hungria

9 1989: A República do Povo Tem um Fim Pacífico

À frente das mudanças que atingiriam todo o Leste Europeu, em fevereiro de 1989 as autoridades comunistas aprovaram a criação de partidos de oposição. Em outubro, a República Popular da Hungria passou a se chamar República da Hungria e, em março de 1990, realizou as primeiras eleições livres desde 1947.

10 2004: A Hungria Ingressa na União Europeia

Depois de uma década de negociações, a Hungria passou a fazer parte da União Europeia em 1º de junho de 2004. O ingresso no bloco europeu rendeu vários dias de comemorações em todo o país e contou com o apoio da maioria da população. Em 1999, o país havia entrado para a Otan.

HÚNGAROS FAMOSOS

1 István Széchenyi (1790-1860)
Líder da modernização e das reformas econômicas do século XIX, recebeu o título de "O melhor dos húngaros".

2 Mihály Vörösmarty (1800-1855)
Poeta do século XIX e autor do épico *A fuga de Zalán.*

3 Ferenc (Franz) Liszt (1811-1886)
Compositor húngaro, considerado por muitos o melhor pianista de todos os tempos.

4 Miklós Ybl (1814-1891)
Arquiteto, destacou-se pelo projeto da notável Ópera Nacional Húngara *(pp. 32-3)*.

5 Sándor Petőfi (1823-1849)
Poeta nacionalista, autor d'"Nemzeti dal" ("Canção nacional"), poema que, ao ser declamado nos degraus do Museu Nacional em 1848, deu início a uma rebelião *(p. 34)*.

6 Béla Bartók (1881-1945)
Um dos mais importantes compositores do século XX. Ele também produziu coletâneas e estudou música folclórica.

7 László Bíró (1899-1985)
Jornalista, inventou a primeira caneta esferográfica em 1939.

8 Attila József (1905-1937)
Poeta, escreveu sobre o amor e o desespero.

9 Ferenc Puskás (1927-2006)
Jogador de futebol, comandou o time do país na década de 1950 *(p. 102)*.

10 István Szabó (n. 1938)
Diretor de cinema premiado com o Oscar em 1981 pelo filme *Mefisto*.

Ferenc (Franz) Liszt

TOP 10 Museus e Galerias

1 Museu Judaico

MAPA M4 ■ VII, Dohány utca 2 ■ 06 342 89 49 ■ Aberto mar-out: 10h-18h dom-qui, 10h-16h30 sex; nov-fev: 10h-16h dom-qui, 10h-14h sex ■ Fechado feriados judeus ■ Entrada paga ■ www.milev.hu

A orgulhosa comunidade judaica de Budapeste se concentra nos arredores da Grande Sinagoga *(pp. 36-7)*, e o Museu Judaico pode ser encontrado na asa à esquerda da entrada principal da Sinagoga. Fundado em 1931, acomoda milhares de relíquias históricas e itens devocionais. Tem ala dedicada ao Holocausto e, no pátio, memorial que homenageia os 600 mil judeus húngaros mortos pelos nazistas.

Artefatos do Museu Judaico

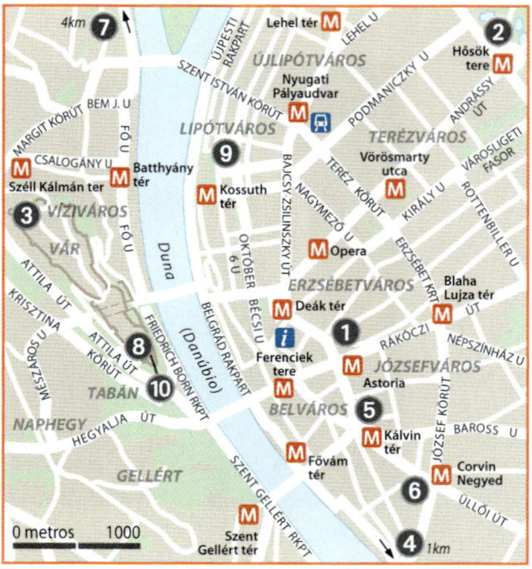

2 Museu de Belas-Artes

Sediado numa edificação neoclássica, o Museu de Belas-Artes tem um belo acervo de diferentes momentos e gêneros artísticos. Abriga obras de Rafael, Toulouse-Lautrec, Picasso e Goya, além das alas dedicadas ao Egito Antigo e à arte grega. Está fechado para reformas até 2018 *(p. 95)*.

3 Museu da História Militar

MAPA A3 ■ I, Tóth Árpád sétány 40 ■ 06 326 16 00 ■ Aberto abr-set: 10h-18h ter-dom; out-mar: 10h-16h ter-dom ■ Entrada paga

Uniformes, bandeiras, mapas, armas e fotografias documentam as inúmeras batalhas travadas em Budapeste. O museu é eficiente por recontar a rebelião de 1956 em especial, com registro dos muitos húngaros que foram mortos e da intensa repressão que se instalou em seguida.

4 Museu Ludwig Budapeste – Museu de Arte Contemporânea

MAPA P2 ■ IX, Palácio das Artes, Komor Marcell utca 1 ■ 06 555 34 44 ■ Aberto 10h-18h ter-dom ■ Fechado seg ■ Entrada paga ■ www.ludwigmuseum.hu

Se a grandiosidade do Império e do Movimento Secessionista Habsburgo parecerem demasiados, venha a esse museu dedicado à arte húngara moderna. Mais de 150 obras criadas a partir de 1960 registram a evolução da arte no país e a tentativa de driblar o realismo socialista. Observe as diversas peças de artistas contemporâneos estrangeiros nas exposições temporárias do museu.

Interior do Museu Nacional Húngaro

5 Museu Nacional Húngaro

Fundado a partir do acervo doado pelo filantropo conde Ferenc Széchenyi, desde 1802 esse museu exibe os melhores exemplares da criação húngara. A construção que sedia a instituição já vale a visita *(pp. 34-5)*.

Peça em exibição no Museu Etnográfico

6 Museu de Artes Aplicadas

Excelente, tem grande variedade de objetos de artes decorativas, como tapetes orientais, cerâmicas *zsolnay* e móveis em estilo Secessão. Inaugurado em 1896 para as comemorações do Milênio de Budapeste, está instalado em uma linda construção secessionista projetada por Ödön Lechner *(p. 90)*.

7 Museu Vasarely

MAPA P1 ■ III, Szentlélek tér 6 ■ 06 388 75 51 ■ Horários de funcionamento no site ■ www.vasarely.hu

Nascido Győző Vásárhelyi, Victor Vasarely abriu espaço na história da arte como fundador do movimento Op-Art, em Paris, na década de 1930. Esse museu, no Palácio de Zichy *(p. 51)*, foca vida e obra do artista. Está fechado para reformas até 2017.

8 Galeria Nacional Húngara

O acervo da Galeria Nacional inclui mais de 10 mil itens e é um dos maiores do mundo. Ocupa boa parte do Palácio Real e abriga algumas das peças mais importantes da produção húngara, dos tempos medievais aos dias de hoje *(pp. 26-9)*.

9 Museu Etnográfico

Projetado por Alajos Hauszmann e construído para abrigar o Ministério da Justiça em 1893-96, esse prédio opulento é a sede do Museu Etnográfico desde 1947. Seu acervo inclui roupas, brinquedos e móveis, e compõe um fascinante retrato da vida cotidiana em várias épocas da história húngara *(p. 80)*. Deve ser transferido para novas instalações no final de 2017.

10 Museu de História de Budapeste

A planta desse museu, instalado no labirinto de salas do Castelo Real, é difícil de entender. Mas vale o esforço: o museu revela a história da cidade e detalha também a construção do próprio castelo, a começar pelas fundações medievais, que podem ser visitadas nos porões *(p. 69)*.

Museu de História de Budapeste

TOP 10 Locais de Devoção

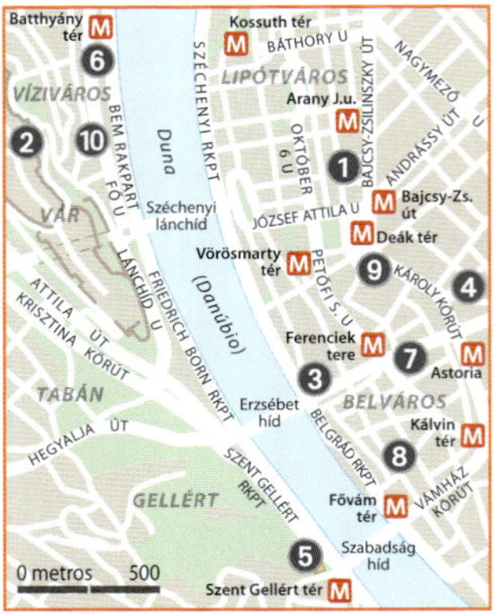

1 Basílica de Santo Estêvão

A mais imponente das várias igrejas de Budapeste presta homenagem ao primeiro rei do país, Santo Estêvão. Construída no final do século XIX, destaca-se na paisagem e pode ser vista de quase todas as partes da cidade *(pp. 16-7)*.

2 Igreja de Matias

A Igreja de Matias está ligada à história de Budapeste desde o século XIII. Foi palco de diversos acontecimentos importantes, como o casamento do rei Matias e as coroações de Francisco José I, em 1867, e de Carlos IV, em 1916 *(pp. 30-1)*.

3 Igreja Paroquial da Cidade Interna

Quase derrubada por ocasião da construção da Ponte Elizabeth *(p. 48)* nas obras posteriores à Segunda Guerra, essa igreja escapou da destruição graças a uma mudança de última hora no projeto. Obra mais antiga de Peste, remonta ao século XIV; foi atingida por um incêndio em 1723 e reerguida por György Pauer em 1725-39. Não perca a elegante capela gótica com abóbadas *(p. 89)*.

4 Grande Sinagoga

Concluída em 1859, essa é a maior sinagoga da Europa. O projeto exibe o desejo da comunidade judaica de ser assimilada pela sociedade húngara, traço predominante no século XIX. As torres gêmeas, por exemplo, foram inspiradas nas fachadas de igrejas cristãs. Na Segunda Guerra Mundial, a sinagoga funcionou como prisão e marcou o centro do gueto de Budapeste *(pp. 36-7)*.

A impressionante nave da Grande Sinagoga

Interior da Igreja da Gruta

5 Igreja da Gruta

A impressionante Igreja da Gruta foi erguida no monte Gellért por monges paulinos de volta de uma peregrinação a Lourdes. Consagrada no domingo de Pentecostes de 1926, permaneceu fechada durante o regime comunista e só foi reaberta em agosto de 1989 *(p. 75)*.

6 Igreja de Santa Ana

MAPA H1 ■ I, Batthyány tér 7 ■ 06 201 63 64 ■ Aberto 16h30-18h diariam

Com duas torres gêmeas, essa igreja paroquial de Víziváros é uma das construções barrocas mais lindas da Hungria. Foi erguida entre 1740 e 1805 e destaca-se pelo teto pintado por Gergely Vogl, pelo altar-mor e pelo magnífico púlpito barroco.

7 Igreja Sérvia

MAPA L5 ■ V, Szerb utca 2-4 ■ Aberto 8h-19h diariam

Construída em 1698, essa igreja barroca substituiu outra que ocupava o mesmo lugar. A parte interna é disposta de acordo com a tradição ortodoxa grega, credo seguido pelos sérvios. O painel de ícones que cerca a galeria do coro e marca a divisão do santuário data de 1850. É assinado pelo escultor sérvio Mihai Janic.

8 Igreja Luterana

MAPA L3 ■ V, Deák tér 5 ■ 06 483 21 50 ■ Aberto 10h-18h ter-dom

Essa igreja impressionante se caracteriza pela total simplicidade, em sintonia com a maioria dos templos do mesmo credo existentes na Europa Central. Erguida entre 1797 e 1808, tem o seu charme. A acústica faz da igreja um ótimo lugar para concertos de órgão e música clássica.

9 Igreja Franciscana

MAPA L4 ■ V, Ferenciek tere 9 ■ 06 317 33 22 ■ Aberto 5h30-12h, 16h-19h45 diariam

Do século XIII, essa igreja, assim como muitas outras em Budapeste, foi transformada em mesquita durante o domínio turco, nos séculos XVI e XVII. Foi reerguida pela ordem franciscana entre 1727 e 1743, como fica claro nos sinais presentes na porta principal. Várias esculturas de santos da ordem decoram a fachada.

Exterior da Igreja dos Capuchinhos

10 Igreja dos Capuchinhos

MAPA H2 ■ I, Fő utca 32 ■ 06 201 47 25 ■ Aberto 10h15-11h45 ter-sex (ou sob solicitação prévia)

A uma curta distância da Igreja de Santa Ana pela Fő utca fica a graciosa Igreja dos Capuchinhos, réplica feita no século XIX de uma construção anterior. A primeira datava do século XIV, contudo foi transformada em mesquita na ocupação turca e quase totalmente destruída em 1686. Um dos poucos elementos originais que subsistiram foi a entrada da fachada sul.

Termas e Piscinas

1 Termas e Hotel Gellért

O Hotel Gellért oferece uma das melhores termas de Budapeste, abertas o ano todo também para não hóspedes. As piscinas externas contam com o primeiro sistema de ondas artificiais do mundo *(pp. 20-1)*.

2 Termas Lukács

MAPA B2 ■ II, Frankel Leó út 25-9 ■ 06 326 16 95 ■ Aberto 6h-22h diariam ■ Entrada paga ■ www.budapestspas.hu

Desde1894, as neoclássicas Termas Lukács oferecem três piscinas externas, três piscinas termais internas, banhos Kneipp, academia, sauna e tratamentos com lama.

3 Termas Medicinais Dagály

MAPA P1 ■ XIII, Népfürdő út 36 ■ 06 452 45 56 ■ Aberto 6h-19h diariam ■ Entrada paga

Um tanto afastado do centro, o complexo de piscinas Dagály é o maior da cidade, contando com dez opções – entre elas piscinas para crianças, hidroterapia e um centro de bem-estar.

4 Termas Széchenyi

Instaladas em um prédio de Győző Czigler no Parque Városliget, oferecem diversos tratamentos com água. Incluem piscinas descobertas e cobertas *(p. 95)*.

O calmo interior do Magnolia Day Spa

5 Magnolia Day Spa

MAPA J2 ■ V, Zoltán út 3 ■ 06 269 06 10 ■ Aberto 9h-21h diariam ■ www.magnoliadayspa.hu

Amplo spa no coração de Budapeste, propõe mais de cem tipos de massagens terapêuticas exclusivas, tratamentos corporais e faciais, manicure e pedicure. Utiliza apenas ingredientes naturais.

6 Piscinas Nacionais Hajós Alfréd

MAPA B1 ■ XIII, Margaret Island ■ 06 450 42 00 ■ Aberto 6h-16h seg-sex, 6h-18h sáb e dom ■ Entrada paga

Projetadas pelo arquiteto e esportista Alfréd Hajós, representante da Hungria nos Jogos Olímpicos de 1896 nas modalidades de natação e futebol, as três piscinas (uma delas olímpica) ainda são usadas para treino pela seleção do país.

Piscinas ao ar livre nas Termas Széchenyi

7 Palatinus Strand

MAPA P1 ■ XIII, Ilha Margarida ■ 0620 212 98 73 ■ Em reformas até 2017; veja o site para horários ■ Entrada paga ■ http://en.palatinus strand.hu

O complexo de piscinas mais popular de Budapeste possui escorregadores, piscinas e fontes de água quente, em meio à paz da Ilha Margarida.

8 Termas Veli Bej

MAPA B2 ■ II, Árpád Fejedelem útja 7 ■ 06 438 86 42 ■ Aberto 6h-12h e 15h-21h diariam ■ Entrada paga; grátis para menores de 14 anos

Construído originalmente em 1574, esse banho turco tem cinco piscinas termais com diferentes temperaturas, jacuzzi, dois chalés de vapor, saunas, duchas, banho Kneipp e uma variedade de serviços de bem-estar.

As históricas Termas Rudas

9 Termas Rudas

MAPA K5 ■ I, Döbrentei tér 9 ■ 06 356 13 22 ■ Piscina: aberto 6h-22h ■ Sauna: aberto 8h-22h ■ Sauna a vapor: aberto 6h-20h homens seg, qua-sex; mulheres ter; misto sáb e dom ■ banho noturno: 22h-4h sex e sáb ■ Entrada paga ■ www.budapestspas.hu

Construídas pelos turcos no século XVI, estão entre as mais antigas da cidade e têm seis saunas a vapor e uma piscina.

10 Danubius Grand Hotel Margitsziget

As termas mais seletas de Budapeste ficam no elegante Danubius Grand Hotel Margitsziget *(p. 23)*. Não se espante se avistar um astro de Hollywood na mesma piscina que você *(p. 113)*.

DICAS

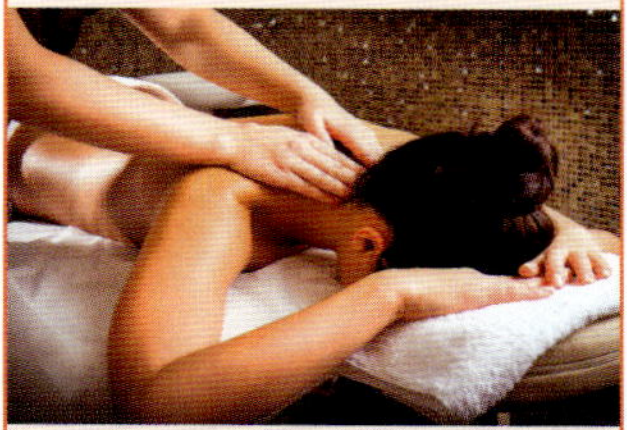

Massagem relaxante nos ombros

1 Em sua maioria, as termas são unissex, oferecendo banheiros separados. Roupas de banho são opcionais.

2 Preços
A lista de preços, informada em húngaro, alemão e inglês na entrada do estabelecimento, oferece diversas opções. A entrada é cobrada de acordo com o serviço requisitado e vale por um dia. Pode-se entrar até uma hora antes do horário de fechamento.

3 Toalhas
Leve a sua toalha, ou alugue uma por pequena taxa e sinal adicional.

4 Roupões
Nos banhos de apenas um sexo, como o Rudas, você receberá um pequeno lençol.

5 Armários
A maioria dos banhos tem armários com chave, mas é preciso pagar uma pequena tarifa.

6 Temperatura
A temperatura da água é informada ao lado de cada piscina.

7 Saunas
O acesso às saunas (nem todas as termas têm uma) em geral está incluído no valor do ingresso básico.

8 Massagem
Quase todas as termas oferecem massagens cobradas à parte.

9 Ondas Artificiais
Gellért, Dagály e Palatinus Strand têm ondas artificiais.

10 Banho Familiar
Crianças são aceitas na maioria das termas da cidade. A idade mínima para as piscinas termais é de 14 anos.

Toalhas alugadas

TOP 10 Rio Danúbio

Fachada do Parlamento Húngaro, visto do Danúbio

1 Parlamento Húngaro

A grande estrela das atrações da cidade fica ainda mais exuberante quando vista do Danúbio ou de sua margem oposta. O esplendor do projeto – inspirado nas Casas do Parlamento inglês – ganha mais graça com o suave reflexo das águas do rio *(pp. 12-15)*.

2 Cruzeiros pelo Rio

MAPA K4 ■ Mahart Passnave: V, Vigadó tér, Docas 5-6; 06 318 12 23, 06 484 40 13; www.mahartpassnave.hu

No verão várias empresas fazem passeios pelo rio, com saídas em Vigadó tér. A Mahart Passnave faz cruzeiros noturnos – incluem bebidas e jantar – para Viena. Também existem serviços de hidrofólio, duas vezes por semana, do fim de abril até o fim de setembro.

3 Ponte Elizabeth

MAPA K5

Considerada a ponte suspensa mais extensa do mundo na época em que ficou pronta, a Ponte Elizabeth (Erzsébet híd) foi reconstruída após a Segunda Guerra e só voltou a ter fluxo de carros em 1963. A parte de Peste exigiu especial cuidado para não afetar a Igreja Paroquial da Cidade *(p. 89)*, que teve sua existência ameaçada, uma vez que tanto os autores do projeto quanto as autoridades comunistas pretendiam destruí-la. Porém chegou-se a um acordo, e hoje a ponte passa a alguns centímetros de distância das paredes da igreja.

4 Sapatos às Margens do Danúbio

MAPA J2

O comovente memorial Shoes on the Danube Bank, criado em 2005 pelos escultores Gyula Pauer e Can Togay, mostra 60 pares de sapatos junto à margem de Peste, perto do Parlamento Húngaro. O local foi usado para execuções pelos milicianos fascistas da Cruz Flechada, que nele mataram centenas de judeus em 1944-45.

Sapatos às Margens do Danúbio

5 Ilha Margarida

Verdadeiro oásis no meio de Budapeste e ótimo destino para uma tarde de verão, a Ilha Margarida resulta da junção de três ilhotas por meio de um projeto de aterro realizado no final do século XIX *(pp. 22-3)*.

6 Ponte Margarida

MAPA B2

Ponte que leva à graciosa Ilha Margarida, a Ponte Margarida (Margit híd) foi projetada pelo francês Ernest Gouin em 1872-76 e distingue-se das demais pelo formato peculiar. A continuação da via na ilha, porém, permaneceu um trecho complicado até os anos 1890.

7 Ponte Liberdade

MAPA L6

Os lendários pássaros *turul* decoram as vigas douradas e modernistas da Ponte Liberdade (Szabadság híd). Construída entre 1894 e 1899, foi destruída pelos nazistas na Segunda Guerra Mundial e reerguida como réplica da edificação anterior. No passado, era conhecida como Ponte Imperador Franz József, mas os comunistas prefeririam um nome menos imperial – como se podia esperar.

8 Funicular para o Castelo de Buda

MAPA H3 ■ I, Castelo de Buda, Clark Ádam tér ■ 06 201 91 28 ■ Aberto 7h30-22h; fechado 1º e 3º seg do mês e fim mar-4 abr ■ Entrada paga

As crianças adoram andar nesse funicular antigo. O trajeto é curto, e as cabines, minúsculas, mas as vistas para o rio encantam. Em dias frios, com vento ou chuva, é a melhor opção para chegar ao castelo.

9 Píer

MAPAS E3, B4, C5 ■ Columbus: V, Vigadó tér, Port 4; 06 266 90 13; aberto 12h-24h diariam ■ Spoon Café & Lounge: V, Vigadó tér, Port 3; 06 411 09 33; aberto 12h-24h diariam

Acompanha a maior parte do aterro de Peste, entre a Ponte Liberdade e a Ilha Margarida. Vários barcos ancorados nos cais têm convidativos cafés a bordo – como o Columbus e o Spoon.

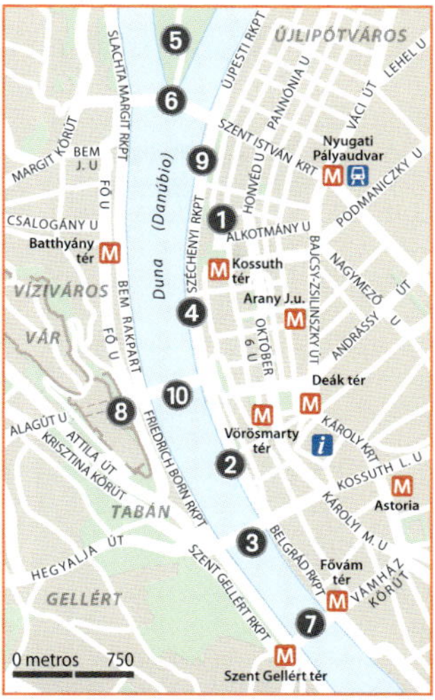

A Ponte das Correntes, entre Buda e Peste

10 Ponte das Correntes

MAPA J3

Concluída em 1849, a Ponte das Correntes (Széchenyi Lánchíd) foi a primeira travessia permanente entre Buda e Peste. Nas pontas erguem-se duas torres enormes, apoio para as imensas correntes que dão nome à construção. Com uma iluminação magnífica à noite, é um dos cartões-postais mais fotografados da cidade. No verão, fica fechada nos fins de semana para a realização de um festival cultural.

TOP 10 Fora dos Circuitos Habituais

1 Museu Kiscelli

MAPA P1 ■ III, Kiscelli utca 108 ■ 06 250 03 04 ■ Aberto abr-out: 10h-18h ter-dom; nov-mar: 10h-16h ■ Entrada paga

Embora as exposições do Museu Kiscelli ofereçam uma fascinante visão da história de Budapeste nos últimos três séculos, a verdadeira atração do local é o próprio prédio, antigo mosteiro do século XVIII, de estilos arquitetônicos mistos, no topo de uma colina arborizada.

2 Parque do Povo

Os habitantes costumam dizer que Városliget é para os turistas e que os verdadeiros budapestinos preferem Népliget, cujo nome, traduzido, é "Parque do Povo". Ele abriga o planetário da cidade, e suas trilhas, por incrível que pareça, formaram o circuito do Grande Prêmio da Hungria de 1936 *(p. 102)*.

A piscina externa das Termas Lukács

3 Termas Lukács

Embora não tão famosas quanto outras termas de Budapeste, as Termas Lukács oferecem uma verdadeira experiência local. O sistema de ingressos é complicado e talvez exija que alguém o ajude a traduzir, mas isso apenas reforça a sensação de estar longe das multidões de turistas. Os preços também são mais em conta *(p. 46)*.

Bancas de produtos do Mercado Lehel

4 Mercado Lehel

MAPA D2 ■ XIII, Lehel tér ■ Aberto diariam

Embora de aparência pouco atraente, esse é o mercado de Budapeste que você deve visitar se quiser ter uma experiência de compra local. Repare nas velhas senhoras *(nénis)* vendendo produtos da própria horta e na deliciosa variedade de queijos caseiros.

5 Túmulo de Gül Baba

MAPA B2 ■ II, Mecset utca 14 ■ 06 250 03 04 ■ Fechado para restauração até 2017 ■ Entrada paga

Uma cúpula de 400 anos cobre o túmulo de Gül Baba, dervixe muçulmano que morreu em 1541, logo após a queda de Buda. Foi um dos poucos turcos respeitados pelos húngaros. Cercado por roseiras, o túmulo tem inscrições douradas com citações do Alcorão.

6 Mikszáth Kálmán tér e Budapeste VIII

MAPA D5 ■ XIII, Lehel tér

Há apenas uma década essa praça, junto com boa parte do bairro histórico Budapeste VIII, era uma área desaconselhável para os turistas. No entanto, o investimento privado em prédios lindos mas negligenciados rejuvenesceu a área, que hoje tem apelo boêmio e lojas descoladas, galerias chiques e cena noturna ativa. No verão, a praça é um ótimo ponto de observação, onde os habitantes e os turistas partilham os terraços dos cafés.

7 Fő tér, Óbuda

MAPA P1

A atração de Fő tér, no subúrbio de Óbuda, é o Palácio Zichy, espaço que atrai um público moderno e abriga museus dedicados às obras de vanguarda de Vasarely *(p. 43)* e Kassák *(p. 104)*. Em frente, o Palácio Fő tér, de estilo neobarroco, é ainda mais imponente, enquanto ao norte da praça, na Laktanya utca, ficam as *Mulheres de guarda-chuva*, grupo de estátuas do escultor contemporâneo Imre Varga.

8 Grutas de Pálvölgy

Essas grutas são menos conhecidas e mais acessíveis que as de Szemlő-hegy *(p. 101)*. As vistas mais espetaculares de Pálvölgy podem ser alcançadas por uma escadaria íngreme, que passa por difíceis formações rochosas naturais, numa visita de três horas com um guia experiente *(p. 103)*.

9 Sinagoga da Rua Páva e Memorial do Holocausto

Construída nos anos 1920, a sinagoga da Rua Páva ficou abandonada depois de ter sido fechada em 1941. De volta à ativa, após passar por restauração entre 2002 e 2005, abriga hoje o Memorial do Holocausto. No Mural das Vítimas estão os nomes de mais de 175 mil húngaros assassinados pelos fascistas; a lista continua sendo atualizada.

Interior da Sinagoga da Rua Páva

10 Aquincum

É uma pena que Aquincum – um dos maiores sítios romanos da Europa Central – não seja mais tão atrativo aos visitantes de Budapeste. Aproveite para passear por sua ruas antigas, sobretudo de manhã cedo, quando o espaço é todo seu *(p. 101)*.

Ruínas na antiga cidade romana de Aquincum

TOP 10 Atrações para Crianças

Miniatura de garagem Miniversum

1 Miniversum

MAPA L2 ▪ VI, Andrássy út 12 ▪ Aberto 9h-19h dom-qui (até 22h sex, sáb) ▪ Entrada paga ▪ www.miniversum.hu

Conheça Budapeste e a Hungria em miniatura. Além das incríveis reproduções de cidades e paisagens, há cenas do cotidiano do país todo e uma ferrovia que funciona. Ademais, jogos e caças ao tesouro mantêm ocupadas as crianças de todas as idades por até duas horas. Observe o cuidado dado aos detalhes.

2 Palatinus Strand

Esse conjunto de piscinas e termas fica na simpática Ilha Margarida, a área de lazer dos budapestinos. A boa oferta de piscinas para crianças faz desse um destino bastante disputado pelas famílias *(p. 47)*.

3 Ferrovia de Roda Dentada e Ferrovia das Crianças

Ferrovia de Roda Dentada: MAPA N1-2; XII, Golfpálya út; 06 397 53 92; aberto 9h-16h diariam (o horário do último trem varia); entrada paga; www.gyermekvasut.hu ▪ Ferrovia das Crianças: MAPA N1-2; II, estação Városmajor, Szilágyi Erzsébet fasor 16; 06 355 41 67; aberto 5h-23h45 diariam; entrada paga; www.bkk.hu

Crianças entre 9 e 14 anos se encantam com a ferrovia que corta as colinas de Buda *(p. 101)* entre o monte Széchenyi e o vale Hűvös. Os únicos adultos a bordo são os operadores. Para chegar ao trem, é preciso pegar a ferrovia da roda dentada de Városmajor até o alto do monte Széchenyi. O trajeto se estende por 3.730m e sobe 315m.

4 Csopa – Centro de Maravilhas Científicas

MAPA N3 ▪ XXII, Nagytétényi út 37-43 ▪ 06 814 80 50 ▪ Aberto 10h-19h diariam ▪ Entrada paga ▪ www.csopa.hu

Primeira exposição científica interativa da Hungria, o Csopa é divertido para todas as idades. Descubra o mundo da física em mais de cem demonstrações ao vivo.

Funicular do Castelo de Budapeste

Acrobatas no Circo Capital

5 Funicular para o Castelo de Buda

Um passeio que os pequenos adoram é acomodar-se na cabine dianteira do funicular que vai para o Castelo. O trajeto dura só três minutos, mas as vistas para o rio são magníficas, e as duas réplicas de 1870, Margit e Gellért, são charmosas *(p. 49)*.

6 Circo Capital

MAPA E2 ■ XIV, Városliget (Parque da Cidade), Állatkerti körút 12/a ■ 06 343 83 00 ■ Diariam: 15h qua-sáb (19h sáb) ■ Entrada paga

Circo permanente, oferece muita diversão para a família. O programa varia, mas não faltam incríveis acrobacias de números internacionais, show de luz e água, equilibristas e palhaços. No verão, o espaço abriga o Festival Internacional de Circo. O espetáculo de mais de duas horas pode cansar as crianças pequenas.

7 Planetário

MAPA P2 ■ X, Népliget ■ 06 263 18 11 ■ Aberto 9h-16h ter-dom ■ Entrada paga

Embora pequeno, o planetário de Budapeste permite apreciar a rota de planetas e outros astros ao som de uma trilha rock e pop meio fora de moda. Com diversas sessões ao dia, é uma boa opção para tempo chuvoso.

8 Labirinto

MAPA G2, G3 ■ I, Úri utca 9 ■ 06 212 02 07 ■ Aberto 10h-19h diariam ■ Entrada paga ■ www.labirintus.eu

Assegure-se de não perder suas crianças nessa confusão de túneis e câmaras. Acredita-se que essas cavernas, 15m abaixo do nível da terra, foram formadas por nascentes quentes há meio milhão de anos. Serviram de refúgio para caçadores e agricultores de cerca de 10000 a.C. e voltaram a funcionar como abrigo durante a Segunda Guerra Mundial. Uma exposição especial sobre o prisioneiro Vlad Tepes, também conhecido como Drácula, inclui uma câmara de tortura e manequins de suas vítimas.

9 Pista de Patinação e Lago Városliget

MAPA E2 ■ Városliget (Parque da Cidade), Budapest XIV ■ Lago: Olof Palme sétány 5; 0620 261 52 09; aberto 10h-22h; entrada paga Ft1.200 (30 min) ■ Pista de Patinação: aberto fim out-início mar; horários variam; entrada paga; www.mujegpalya.hu

No inverno, o lago Városliget se transforma em rinque de patinação ao ritmo de música clássica. No verão, é a vez dos botes e famílias passearem pelas águas calmas. Podem-se alugar patins e botes no cais perto do pavilhão. Há centro de visitantes.

Botes no lago Városliget

10 Zoológico de Budapeste

O zoológico da capital húngara é grande, bem cuidado e um dos melhores da região. Inclui um amplo aquário, um aviário de destaque e uma ótima casa de répteis. Os funcionários falam várias línguas e dão informações sobre os animais *(p. 97)*.

TOP 10 Restaurantes

Interior do Onyx Restaurant

1 Onyx Restaurant

MAPA K3 ■ V, Vörösmarty tér 7-8 ■ 0630 508 06 22 ■ Aberto 12h-14h30 e 6h30-23h ter-sex, 6h30-23h sáb ■ AD ■ www.onyxrestaurant.hu ■ FFF

Associado à lendária confeitaria Gerbeaud *(p.57)*, o premiado Onyx prepara pratos tradicionais, servidos em um ambiente acolhedor.

Prato com frutos do mar do Onyx

2 Kacsa Vendéglő

MAPA B3 ■ I, Fő utca 75 ■ 06 201 99 92 ■ Aberto 12h-24h ■ AD ■ www.kacsavendeglo.hu ■ FFF

Kacsa significa "pato" em húngaro, então é fácil imaginar o que predomina no cardápio da casa. Oferece várias combinações criativas e deliciosas. Há ainda outras opções, e a carta de vinhos é excelente.

3 Arany Kaviár

MAPA G1 ■ I, Ostrom utca 19 ■ 06 201 67 37 ■ Aberto 12h-15h, 18h-24h ter-dom ■ FF

Ao norte do Bairro do Castelo, esse delicioso e pequeno restaurante serve uma ousada mistura de culinária local e russa. Cada prato é uma obra de arte e merece ser acompanhado por vinhos escolhidos a dedo ou vodca exclusiva. O ótimo atendimento ajuda a entender o cardápio *(p. 73)*.

4 Costes

MAPA M5 ■ IX, Ráday utca 4 ■ 06 219 06 96 ■ Aberto 18h30-24h qua-dom ■ AD ■ www.costes.hu ■ FFF

Os gourmets locais ajoelham-se para esse restaurante elegante e contemporâneo, o primeiro de Budapeste a ser premiado com uma estrela Michelin *(p.93)*.

5 Nobu

MAPA K3 ■ V, Kempinski Hotel Corvinus, Erzsébet tér 7-8 ■ 06 429 42 42 ■ Aberto 12h-15h e 6h-23h45 diariam (lounge bar até 2h) ■ AD ■ www.noburestaurants.com ■ FFF

A elite de Budapeste se encontra nesse local para se deliciar no sofisticado sushi bar ou nos salões privativos.

6 Comme Chez Soi

MAPA K4 ■ V, Aranykéz utca 2 ■ 06 318 39 43 ■ Aberto 12h-24h seg-sáb ■ FFF

Apesar do nome francês, esse restaurante tem ótima comida italiana. Os frutos do mar estão entre os melhores da cidade.

7 Baraka

MAPA K3 ■ Dorottya utca 6 ■ 06 200 08 17 ■ Aberto 12h-15h, 6-23h diariam ■ AD ■ www.barakarestaurant.hu ■ FFF

É essencial fazer reserva com antecedência para comer no restaurante considerado o melhor de Budapeste. O chef Norbert Biró prepara pratos inovadores e sobremesas divinas, e o serviço impressiona pela qualidade.

O bar do Baraka

8 Búsuló Juhász Étterem

MAPA B6 ▪ XI, Kelenhegyi út 58 ▪ 06 209 16 49 ▪ Aberto 12h-24h diariam ▪ AD ▪ www.busulojuhasz.hu ▪ FFF

As vistas a partir desse endereço tradicional nas encostas do monte Gellért são sublimes. No entanto, a comida não impressiona e a presença da banda que toca ritmos ciganos de mesa em mesa pode agradar ou incomodar – depende do humor do cliente *(p. 79)*.

Alabárdos Étterem

9 Alabárdos Étterem

MAPA G2 ▪ I, Országház utca 2 ▪ 06 356 08 51 ▪ Aberto 7h-23h segsex, 12h-15h e 7h-23h sáb ▪ AD ▪ www.alabardos.hu ▪ FFF

Esse é, talvez, um dos únicos locais de Budapeste que serve pratos húngaros ao estilo antigo. Da terrine de fígado de ganso ao ótimo frango com páprica, todos os itens do cardápio são autênticos. Caro, mas vale cada florim *(p. 73)*.

10 Kollázs

MAPA K3 ▪ V, Széchenyi István tér 5-6 ▪ 06 268 51 84 ▪ 6h30-1h diariam ▪ AD ▪ FFF

O Gresham Hotel Palace *(p. 83)* tem longa e ilustre história de jantares finos, e seu restaurante ainda é visto como o melhor. A ótima comida é servida em uma linda brasserie e bar de estilo Secessão. No verão, os clientes desfrutam o grande terraço com vista para o Danúbio e a Ponte das Correntes *(p. 85)*.

PRATOS TÍPICOS HÚNGAROS

Töltött paprika **(pimentão recheado)**

1 Libamáj Zsírjában
O fígado de ganso frito na própria gordura é considerado uma especialidade húngara e altamente apreciado no país.

2 Kolbász
Salsichas de todos os tipos. A tradicional salsicha húngara geralmente é bem apimentada.

3 Bakonyi Sertésborda
Costeletas de porco com molho de cogumelos.

4 Bélszínszelet Budapest Módra
Bife típico de Budapeste preparado com páprica, mas que requer um corte de carne de alta qualidade para adquirir melhor sabor.

5 Marhapörkölt Tarhonyával
Goulash feito com molho picante de páprica e em geral servido com massa suave.

6 Brassói Aprópecsenye
Cozido de porco, com fortes toques de alho e de páprica, acompanhado de batata frita.

7 Borjúbélszín Gundel Módra
Medalhões de carne de cervo preparados com molho de cogumelos.

8 Erdélyi Fatányéros
Grelhado tradicional da região da Transilvânia, com carne de porco e de boi acompanhadas de picles, pimentões e batatas fritas. Servido em um prato de madeira, cada porção serve duas pessoas.

9 Töltött Paprika
Pimentões recheados com arroz e servidos com molho de tomate – outra especialidade da Transilvânia.

10 Halászlé
Peixes não são comuns nos cardápios húngaros, mas essa sopa de carpa feita com páprica é um sucesso no frio.

Veja mais sobre categorias de preço na *p. 73*

TOP 10 Cafés e Bares

1 Tóth Kocsma

MAPA C2 ■ V, Falk Miksa utca 17 ■ 06 302 64 42 ■ Aberto 15h-24h seg-sex (a partir das 17h sáb)

Apesar de próximo dos principais pontos turísticos, esse lugar tem aspecto e ambiente clássicos de um típico bar de Budapeste. Preços em conta, cidra caseira, boa comida e mesas externas no verão. É pequeno e nem sempre há onde sentar.

2 Szimpla Kert

MAPA M3 ■ VII, Kazinczy utca 14 ■ 06 352 41 98 ■ Aberto 12h-3h diariam

Esse é o maior e um dos mais renomados dos chamados pubs nas ruínas do sétimo distrito. Há uma abundância de cantinhos no interior do prédio, enquanto a área a céu aberto dispõe de mesas amplas, além de filmes no verão, quando o Szimpla realiza uma série de shows, com artistas de jazz, rock, blues e outros – e todos são gratuitos.

O popular bar nas ruínas Szimpla Kert

3 Blue Bird Café

MAPA M3 ■ VII, Dob utca 16 ■ 06 208 05 80 ■ Aberto 9h-22h diariam

O design excêntrico, um café premiado, o farto café da manhã em estilo americano e enormes fatias de bolo caseiro fazem desse o mais popular café da cidade. E é também o mais colorido, com tons vivos de azul e dourado. O Blue Bird possui ainda um lindo pátio interno, lugar bastante refrescante para quem quer escapar do calor do verão.

Bar de vinhos húngaros Doblo

4 Doblo

MAPA M3 ■ VII, Dob utca 20 ■ 0620 398 88 63 ■ Aberto 14h-2h diariam (até 4h qui-sáb)

Revestido de tijolos aparentes por dentro e por fora, esse charmoso e pequeno bar serve uma das mais completas seleções de vinhos húngaros da cidade, quase todos disponíveis em copo. O cardápio de petiscos tem sugestões perfeitas para acompanhar os vinhos.

5 Ötkert

MAPA K2 ■ V, Zrínyi utca 4 ■ 06 330 86 52 ■ Aberto 12h-24h dom-ter, 12h-4h qua e qui, 12h-5h sex e sáb

Os bares nas ruínas de Budapeste são famosos, mas esse estabelecimento trouxe mais refinamento ao conceito. Embora às vezes o serviço seja um pouco ríspido, as refeições são leves, e os drinques, ótimos.

6 Blue Tomato

MAPA C2 ■ XIII, Pannónia utca 5 ■ 06 339 80 99 ■ Aberto 12h-24h seg-qui, 12h-2h sex e sáb, 12h-23h dom

Estabelecimento amplo instalado em dois andares que serve chope Guinness. Além do bar, há um restaurante de alto nível que serve pratos da cozinha internacional. Experimente um dos filés. No porão fica a pista de dança, onde DJs e bandas garantem a diversão.

7 Boutiq'Bar

MAPA L3 ■ VI, Paulay Ede utca 5 ■ 0630 229 18 21 ■ Aberto 18h-madrugada ter-sáb

Além dos hotéis de luxo, o centro de Peste sofria com a escassez de bons bares. Mas isso não é mais um problema. A equipe de jovens e dedicados barmen prepara tanto drinques clássicos quanto outros mais criativos. Os preços não são tão acessíveis, mas as bebidas são excelentes, e o serviço, impecável.

O charmoso interior do Boutiq'Bar

8 Café Vian

MAPA M2 ■ VI, Liszt Ferenc tér 9 ■ 06 268 11 54 ■ Aberto 9h-1h diariam

Mesmo com as franquias de café abrindo em toda a cidade, o Café Vian continua movimentado dia e noite. É caloroso e hospitaleiro, contemporâneo e tradicional, e o café e a comida são fantásticos.

Bolos do Gerbeaud Cukrászda

9 Gerbeaud Cukrászda (Café Gerbeaud)

MAPA K3 ■ V, Vörösmarty tér 7 ■ 06 429 90 00 ■ Aberto 9h-21h diariam

Talvez o café mais famoso e elegante de Budapeste, é o paraíso dos que gostam de café e doces, bem como dos aficionados de história. Vale a pena parar para admirar a registradora de bronze e os salões decorados com antigos candelabros.

10 New York Café és Étterem

MAPA D4 ■ VII, Erzsébet körút 9-11 ■ 06 322 38 49 ■ Aberto 9h-24h

Cafeteria e restaurante dentro do New York Palace (hoje um hotel, *p. 114*), tem uma história fascinante. O teto decorado com afrescos e as cadeiras douradas escondem que esse era um ponto de encontro de escritores pobres. A comida é excelente, mas as porções podem ser pequenas.

A decoração exuberante do New York Café és Étterem

TOP 10 Lojas e Mercados

1 WestEnd City Center

MAPA C2 ■ VI, Váci út 1-3 ■ 06 238 77 77 ■ Aberto 10h-21h seg-sáb, 10h-18h dom ■ AD

Shopping center que ocupa três andares e reúne mais de 400 lojas. Fica perto da Estação Ferroviária de Nyugati. Tem todas as marcas famosas, mas não espere pechinchas: os preços são altos. Não perca o jardim do terraço. O shoppint abriga alguns eventos comunitários.

WestEnd City Center

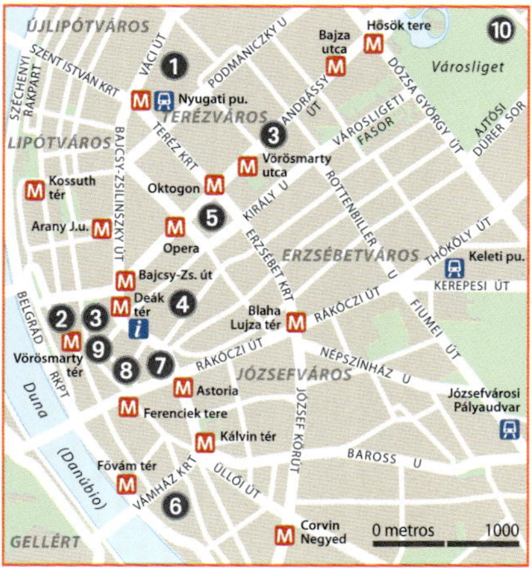

2 Apponyi Márkabolt

MAPA K3 ■ V, József nádor tér 11 ■ 06 317 26 22 ■ Aberto 10h-18h seg-sex, 10h-14h sáb ■ www.herend.com

Combinação de museu e loja, a Apponyi é um revendedor oficial da melhor porcelana húngara, chamada de Herend. A fábrica, situada a oeste da cidade, há séculos produz peças de alta qualidade, a maior parte delas bastante cara. As porcelanas são expostas em bonitos armários de madeira.

3 Ruas da Moda

MAPA K3 ■ Deák Ferenc utca ■ MAPAS L2-L3 ■ Andrássy út

Sofisticadas lojas de moda e cafés ocupam duas das mais elegantes ruas de compras da cidade. A Deák Ferenc utca (também chamada de Rua da Moda), que segue em direção à Váci utca, hospeda marcas como Hugo Boss e Tommy Hilfiger. Já opções mais glamourosas, como Louis Vuitton e Gucci, ladeiam a elegante Andrássy út *(p. 95)*.

4 Gouba

MAPA L3 ■ Király utca 13 ■ Aberto 10h-19h ■ www.gouba.hu

Todos os domingos entre março e outubro, o Gouba (Gozsdu Bazaar) oferece, na passagem de Gozsdu, diversas opções de arte, artesanato, delícias gastronômicas e diversão.

5 Loja de Departamentos Paris

MAPA M2 ■ VI, Andrássy út 39 ■ 06 484 80 00 ■ Aberto 10h-22h diariam

A Loja de Departamentos Paris fica na rua que é a equivalente de Budapeste da Oxford Street londrina ou da Fifth Avenue nova-iorquina. Esse belo centro comercial é especializado em livros, música, presentes e bons vinhos. Também conta com um agradável café art nouveau no piso superior.

Mercado Central

6 Mercado Central

MAPA M6 ■ V, Vámház körút 1-3 ■ 06 366 33 00 ■ Aberto 6h-17h seg, 6h-18h ter-sex, 6h-15h sáb ■ AD

O principal mercado de Budapeste é ideal para comprar produtos locais. Limpíssimo, reúne barracas de carnes, embutidos, frutas e legumes. No andar superior, há diversos quiosques de comida, restaurantes e barracas de suvenires.

7 Polgár Galéria

MAPA M4 ■ V, Kossuth Lajos utca 3 ■ 06 318 69 54 ■ Aberto 10h-18h seg-sex, 10h-13h sáb ■ www.polgar-galeria.hu

Sensacional galeria de arte e antiguidades, vende criações de artistas húngaros clássicos e contemporâneos. Tem também valiosas peças de época, como móveis imperiais. Encarrega-se de enviar as compras para outros países depois de solucionar a burocracia.

8 Joalheria BÁV (Rubin Ékszerbolt)

BÁV Jewellery: MAPA L4; V, Párizsi utca 2; 06 318 62 17 ■ BÁV: MAPA K3; V, Bécsi utca 1; 06 429 30 20 ■ Aberto (ambas as lojas) 10h-19h seg-sex, 10h-14h sáb ■ www.bav.hu

Na vitrine, um sedutor acervo de relógios antigos e joias, vindos de uma das casas de leilão mais famosas da Hungria. Há outras filiais na cidade, com especialidades diferentes; a da Kossuth Lajos utca comercializa apenas porcelanas e objetos de arte.

9 Memories of Hungary

MAPA L3 ■ V, Hercegprímás út 8 ■ 06 780 58 44 ■ Aberto 10h-22h diariam ■ www.memoriesofhungary.hu

Situada perto da Praça Santo Estêvão, quase ao lado da Basílica, a Memories of Hungary vende uma grande variedade de produtos tradicionais, elaborados por artesãos e artistas locais. Escolha uma lembrança em meio à ampla oferta de tecidos, porcelanas, cerâmicas, joias e brinquedos como o cubo mágico, além de alimentos.

Cerâmicas da Memories of Hungary

10 Rózsavölgyi Szalon Arts & Café

MAPA L4 ■ Szervita tér 5 ■ 06 318 35 00 ■ Aberto 10h-22h seg-sáb

A Rózsavölgyi é um grande tesouro para os músicos e amantes da música. Aberta em 1912, essa antiga loja é especializada em partituras e discos. Vende também instrumentos musicais. Recebe apresentações teatrais e musicais, além de eventos literários e de artes plásticas, que o público acompanha tomando café ou saboreando uma refeição leve.

O Gouba, no mercado de artes

TOP 10 Budapeste de Graça

A margem do lado Peste

1 Margem de Peste

O passeio ao longo da margem do Danúbio da Ponte Elizabeth ao Parlamento é uma viagem bem esclarecedora sobre várias eras da história e arquitetura húngaras, com o Palácio Real dominando a margem oposta. Preste atenção nos artistas de rua e músicos no verão, e pare para contemplar o comovente memorial Sapatos às Margens do Danúbio *(pp. 48-9)*.

2 Basílica de S. Estêvão

É preciso pagar uma taxa para ver o tesouro ou subir à cúpula, mas as principais atrações da maior igreja de Budapeste são de graça: o altar principal, uma incrível estátua de mármore de Santo Estêvão (o rei István); o retrato de István, por Gyula Benczúr, dedicando a Hungria à Virgem Maria; e a Sagrada Mão Direita, supostamente o antebraço direito do próprio István *(pp. 16-7)*.

3 Museus em Feriados Nacionais

A maior parte dos museus nacionais e municipais húngaros tem entrada gratuita nos feriados nacionais *(p. 63)*. O Museu Nacional *(pp. 34-5)*, a Galeria Nacional *(pp. 26-9)* e o Museu de Belas-Artes *(p. 95)* são os mais procurados. Note que a visita guiada do Parlamento *(pp. 12-5)* não é gratuita.

4 Visitas a Pé

Guias de turismo informais e habitantes que gostam de compartilhar seu conhecimento da cidade oferecem visitas temáticas diárias, a pé, na primavera e no verão. O ponto de encontro não oficial desses passeios é a fonte da Vörösmarty tér: chegue lá entre 10h e 11h e não deverá ter problema para se juntar a um deles. Embora de graça, o guia vai apreciar receber uma gorjeta ao final do passeio.

5 Carnaval do Danúbio

Em junho, o Carnaval do Danúbio ocorre na Vörösmarty tér, na margem de Peste e – em certos fins de semana – na Ponte das Correntes. Muitos concertos, desfiles, artes de rua e eventos infantis organizados para a festa são gratuitos.

6 Colina Gellért

A colina Gellért *(p. 78)* é surpreendentemente íngreme, e chegar à Cidadela no topo é um desafio até para os mais bem preparados. Faça uma pausa para contemplar o Monumento Gellért, antes de descer pelo outro lado rumo à incrível Igreja da Gruta *(p. 75)*.

7 Bastião dos Pescadores

Contemple a vista mais representativa de Budapeste das torres do Bastião dos Pescadores, no topo da Colina do Castelo, de onde se distinguem todos os principais monumentos da cidade. Tente

Bastião dos Pescadores

chegar de manhã cedo para aproveitar bem o lugar, antes que seja tomado pela multidão *(p. 70)*.

8 Városliget

O maior parque central de Budapeste oferece uma ampla variedade de coisas gratuitas para ver e fazer, desde contemplar o Monumento do Milênio na Praça dos Heróis até aproveitar um passeio pelas trilhas bem arborizadas. Há muitos canteiros de flores em volta do lago central, proporcionando um leque de cores vivas *(pp. 94-7)*.

Castelo Vajdahunyad, Városliget

9 Ilha Margarida

A elegante Ilha Margarida, um parque desde os anos 1860, é onde os residentes de Budapeste encontram um pouco de paz. Passeie sem pressa, visitando as ruínas de um mosteiro dominicano do século XIII, uma torre d'água protegida pela Unesco, e atravesse o luxuriante Jardim Japonês – tudo de graça *(pp. 22-3)*.

10 Igreja Paroquial do Centro

Se a Igreja de Matias, do outro lado do rio, atrai a atenção dos visitantes (apesar de a entrada ser cobrada), os moradores de Budapeste dizem que a Igreja Paroquial do Centro é ainda mais notável. Veja vestígios de afrescos do século XV e o mirabe, que data da ocupação turca *(p. 89)*.

DICAS TOP 10 PARA ECONOMIZAR

Vinhos húngaros

1 Compre um passe se for usar transportes públicos. Há passes para 1, 3 ou 7 dias, que tornam as viagens bem mais baratas (www.bkk.hu/en).

2 A maior parte dos restaurantes do centro da cidade – em especial os que ficam perto de escritórios – oferece menus mais baratos para o almoço.

3 Os táxis amarelos, licenciados, têm tarifa fixa. Certifique-se de que o preço por quilômetro esteja bem visível.

4 Procure os concertos gratuitos e as atrações de rua na Vörösmarty tér e ao longo da Váci utca.

5 Muitos hotéis de Budapeste oferecem descontos durante a semana.

6 As melhores pousadas de Budapeste têm quartos privativos com banheiro, mais em conta que os hotéis.

7 A cerveja húngara é em geral mais barata que as bebidas alcoólicas importadas (e mais saborosa).

8 Faça como os habitantes locais e visite as termas de manhã cedo para obter os melhores preços.

9 O Budapest Card oferece transporte público gratuito e descontos em vários museus e em outras atrações (www.budapest-card.com/en).

10 Os principais parques de Budapeste, Népliget e Városliget, são perfeitos para passar o tempo – faça o seu próprio piquenique e relaxe.

Táxi de Budapeste

TOP 10 Festivais e Eventos

Show de dança e laser no Festival Sziget, de música pop e rock

1 Festa da Primavera de Budapeste

www.btf.hu

Em duas semanas de abril, reúne atrações de renome internacional. Os palcos são ocupados por diversos espetáculos de ópera, música clássica e de câmara e teatro.

2 Festival de Dança de Budapeste

www.budapesttancfesztival.hu

Com homenagens à arte da dança, em geral no dia 29 de abril (Dia da Dança), apresenta as estreias da estação, companhias internacionais, e premia os melhores dançarinos húngaros do ano. É realizado no Teatro Nacional da Dança e no centro cultural da Hungria, o Palácio das Artes.

3 Festival de Verão de Budapeste

www.szabadter.hu

Nos fins de semana de junho a agosto são realizadas apresentações húngaras e internacionais de música e teatro nos parques da cidade.

4 Grande Prêmio da Hungria de Fórmula 1

www.hungaroring.hu

O circuito húngaro fica a 19km de Budapeste. A cidade entra no espírito da competição uma semana antes da corrida, em geral realizada no final de julho. Os ingressos custam caro, e convém reservar com antecedência.

5 Festival Sziget

www.sziget.hu

O maior festival de rock e pop da Europa Central aproveita o cenário de Óbudai, uma ilha no meio do rio Danúbio. Artistas de vários países se apresentam por uma semana no mês de agosto, e muitos espectadores ficam na ilha, acomodados em barracas.

6 Festival de Arte Popular

Todos os anos, em agosto, a Dísz tér (na região do Castelo) acomoda quatro dias de uma badalada feira de peças artesanais. Artesãos de todo o país se reúnem para vender seus produtos, ao lado de apresentações de música e dança típicas. O grande destaque, porém, é o desfile dos artesãos que ocorre no dia de Santo Estêvão (20 de agosto).

Desfile no Festival de Arte Popular

7 Festival Judaico de Verão

www.zsidonyarifesztival.hu

Geralmente no final de agosto, celebra a cultura judaica e inclui música, dança e artes visuais. Detalhes no pavilhão Jewinform, perto da Grande Sinagoga, na Dohány utca *(pp. 36-7)*.

8 Festa do Vinho de Budapeste

www.winefestival.hu

Em setembro, na área próxima ao Castelo de Buda, comerciantes de vinhos da Hungria e produtores de alimentos artesanais vendem seus produtos. Há também um desfile e um leilão beneficente de vinhos.

Festa do Vinho de Budapeste

9 Festival de Arte Contemporânea Café Budapeste

www.cafebudapestfest.hu

"Arte é comunicação, e a comunicação é aprendida pela arte." Essa mensagem tem inspirado o Festival de Outono há muitos anos. Uma das principais celebrações da arte contemporânea da Europa, o evento se esforça em apresentar o trabalho de artistas com poucas oportunidades e estimular a comunicação entre gêneros.

10 Feira de Natal de Budapeste

www.budapestinfo.hu

No fim de novembro, a Praça Vörösmarty se transforma num mercado festivo de arte, artesanato e comida húngaros. Todo dia, às 17h, abre-se uma nova janela do calendário na fachada do Gerbeaud Cukrászda *(p. 57)*.

FERIADOS

1 Revolução de 1848 (15 mar)
Os budapestinos homenageiam Sándor Petőfi recitando seu poema e os "12 pontos" (carta de reivindicações) no Museu Nacional Húngaro *(pp. 34-5)*.

2 Páscoa (mar/abr)
A nação húngara, majoritariamente católica, celebra a Páscoa recolhida em casa.

3 Pentecostes (7º dom e seg após a Páscoa)
Celebra a descida do Espírito Santo.

4 Dia do Trabalho (1º mai)
No passado uma festa comunista marcada por desfiles de trabalhadores, o Dia do Trabalho continua a ser feriado nacional.

5 Dia de Santo Estêvão (20 ago)
Relembra a coroação do padroeiro da Hungria. Há queima de fogos no rio Danúbio.

6 República (23 out)
Uma comemoração dupla marca a eclosão da revolta de 1956 e a proclamação da República, em 1989.

7 Todos-os-Santos (1º nov)
Celebra os santos que não têm data própria. No dia anterior, as pessoas visitam cemitérios para acender velas em memória dos parentes falecidos.

8 Dia do Papai-Noel (6 dez)
É quando as crianças esperam encontrar pequenos presentes em seus sapatos polidos trazidos pelo Papai Noel (Mikulás).

9 Natal (24-25 dez)
A famosa feira de Natal ocorre durante o mês de dezembro.

10 Ano-Novo (31 dez)
O novo ano é esperado nas ruas. A Praça Vörösmarty tér costuma sediar shows de música e queima de fogos.

Presépio natalino

TOP 10 Viagens Rápidas

1 Visegrád

Ônibus de Árpád híd

▪ Castelo: 0626 59 70 10; aberto mai-set: 9h-17h ter-dom ▪ Palácio: aberto 9h-18h ter-dom

As magníficas ruínas de um castelo do século XIII, no alto de uma colina, são o grande atrativo de Visegrád. Os visitantes também podem explorar uma reconstrução de um palácio do século XX.

Palácio Real de Gödöllő

2 Gödöllő

HÉV de Örs Vezér tere

▪ Palácio Real: 0628 41 01 24; aberto abr-out: 10h-18h; nov-mar: 10h-16h seg-sex; 10h-17h sáb e dom; www.kiralyikastely.hu

Do século XVIII, o Palácio Real de Gödöllő tem um museu e um teatro. Os destaques são peças e espetáculos a céu aberto, mas a construção barroca, em especial a capela, o salão de Franz József e os jardins, também merece uma visita.

3 Fót

Ônibus de Árpád Árpád híd; trem de Nyugati pu ▪ Palácio: 0627 36 13 39

O Palácio Károlyi e a bela Igreja da Imaculada Conceição merecem uma visita.

4 Kecskemét

Trem de Nyugati pu

▪ Prefeitura: 0676 51 22 63

▪ Palácio Cifra: 0676 48 07 76

▪ www.kecskemet.hu

A Prefeitura de Ödön Lechner (1893-96), com telhado rosado e espiras que lembram minaretes, é o destaque de Kecskemét. O Palácio Cifra, em estilo Secessão, foi erguido em 1902 para acomodar um cassino.

5 Ráckeve

Ônibus de Népliget

▪ Igreja: 0630 429 72 48

A igreja ortodoxa desse local é a mais antiga da Hungria, construída por imigrantes sérvios em 1487. As paredes internas exibem afrescos.

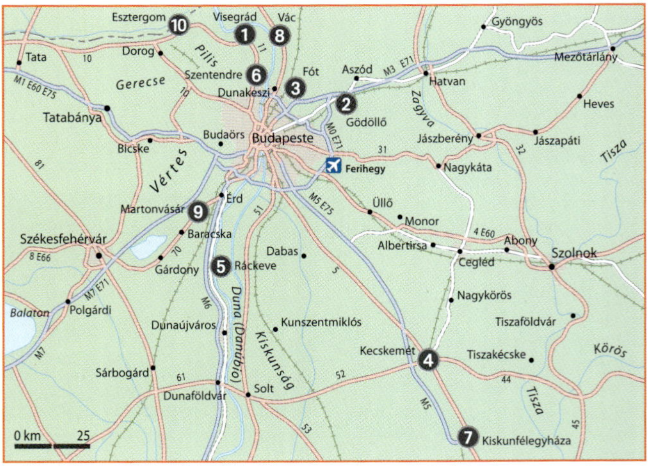

A colorida Fő tér, praça principal da cidade de Szentendre

6 Szentendre

HÉV de Batthyány tér ■ Museu Húngaro a Céu Aberto: 0626 50 25 00; aberto abr-1º nov: 9h-17h ter-dom; 2 nov-11 dez: 10h-16h sáb e dom; entrada paga; www.skanzen.hu ■ Museu Ferenczy: 0626 31 02 44; aberto 10h-18h diariam; entrada paga; www.szentendre.hu

Cidade pequena cortada por ruas de pedra, nas quais se erguem construções em cores pastel e vistosas espiras de igrejas ortodoxas, Szentendre é uma pitoresca cidade húngara. Entre as atrações estão o Museu Húngaro a Céu Aberto, que mostra a vida rural entre o século XVIII e a Primeira Guerra, e a exposição de cerâmica Margit Kovács, do museu Ferenczy, que exibe as obras dos melhores ceramistas da Hungria.

7 Kiskunfélegyháza

Trem de Nyugati pu ■ Parque: 0676 48 26 11 ■ Informações turísticas: 0676 43 15 44; aberto 8h-16h

Nesse local nasceu e passou parte da infância o poeta Sándor Petőfi *(p. 41)*, que teve a casa transformada em museu. A leste fica o Parque Nacional de Kiskunfélegyháza.

8 Vác

Trem de Nyugati pu ■ 0627 31 61 60 ■ www.tourinformvac.hu

No século XVII, essa cidade medieval foi destruída e depois reerguida. Ficou conhecida por abrigar o Arco do Triunfo, construído em 1764.

9 Martonvásár

Trem de Déli pu ■ Palácio Brunswick: (0622) 56 95 00; aberto verão: 10h-12h, 14h-18h ter-dom; inverno: 10h-12h, 14h-16h ter-dom ■ www.martonvasar.hu

O Palácio Brunswick, erguido no século XIX, é um dos mais preservados do país. A construção do século XIX que se vê hoje é uma cópia de um palácio barroco, encomendado pela família Brunswick no final do século XVIII.

10 Esztergom

Ônibus de Árpád híd; trem de Nyugati pu ■ www.esztergom.hu

Capital do país do século X ao século XIII e local de batismo e coroação de Santo Estêvão, Esztergom teve um importante papel na história húngara. A ampla catedral é a sede do catolicismo romano na Hungria.

A catedral de Esztergom

Área por Área

O Danúbio, a Ponte das Correntes e a Basílica de Santo Estêvão ao anoitecer

TOP 10 Bairro do Castelo e Norte de Buda

Tombada pela Unesco, a medieval Buda cresceu em torno do Castelo erguido no século XIII em uma colina para defender a região de invasores. No entanto, não foi o bastante para conter as tropas turcas, que, no século XVI, destruíram a cidade. No século XIX, a dinastia dos Habsburgo restaurou a região no glorioso estilo imperial. Ao norte do Castelo fica Víziváros ("cidade das águas"), habitada originalmente por moradores pobres demais para viver na Colina do Castelo e hoje um dos endereços residenciais mais exclusivos de Budapeste.

BAIRRO DO CASTELO E NORTE DE BUDA

1 Palácio Real

MAPA B4

Instalado no alto da cidade, o Palácio Real (ou Castelo) na verdade é uma reunião de várias construções. A maior parte do palácio dos Habsburgo data do século XVIII, durante o reinado de Maria Teresa, mas antes o local era ocupado por um palácio e por dois castelos. O primeiro castelo foi erguido por volta de 1255 e recuperado pelo rei Matias I em 1458. Atingido durante a Primeira Guerra, o palácio foi novamente reformado e ganhou partes novas, como a cúpula. Hoje abriga vários museus, entre eles o Museu Histórico de Budapeste e a Galeria Nacional Húngara.

2 Museu Histórico de Budapeste

MAPA J4 ■ I, Ala leste do Palácio Real, Szent György tér 2 ■ 06 487 88 01 ■ Aberto mar-out: 10h-18h ter-dom; nov-fev: 10h-16h ter-dom ■ AD ■ www.btm.hu ■ Entrada paga

Também conhecido como Museu do Castelo, esse incrível acervo de objetos e documentos históricos registra a trajetória do Castelo e da cidade por meio de três exposições distintas. No subsolo fica a ala que abrange o período medieval, com a recriação de uma capela com abóbadas remanescente da estrutura erguida em 1255. Outras atrações são esculturas góticas e armaduras, encontradas durante a reforma do Palácio Real após a Segunda Guerra. A mostra do térreo aborda a evolução da cidade desde o tempo dos romanos até o século XVII, e no primeiro andar fica a exposição *Budapeste moderna*.

3 Galeria Nacional Húngara

Levaria algumas semanas para explorar toda a Galeria Nacional, já que há milhares de obras de todas as épocas. De retábulos medievais a incríveis pinturas secessionistas, exibe-se de tudo um pouco. A galeria divide a coleção com o Museu de Belas-Artes *(pp. 26-9)*.

Galeria Nacional Húngara

4 Palácio Sándor

MAPA H3 ■ I, Szent György tér 1-3 ■ Fechado ao público

Residência oficial do presidente da Hungria, esse palácio só pode ser admirado pelo lado de fora – mas atente para os lindos adornos neoclássicos e baixos-relevos de Richárd Török, Miklós Melocco e Tamás Körössényi, que fazem valer a visita. O palácio foi encomendado em 1806 pelo conde Vincent Sándor e projetado por Mihály Pollack e Johann Aman. Sofreu sérios danos em 1944 e foi quase totalmente reconstruído após a Segunda Guerra.

Palácio Real de Budapeste

Interior da Igreja de Matias

5 Igreja de Matias

Erguida no local onde havia uma construção do século XIII, a Igreja de Matias foi reconstruída e batizada em homenagem ao rei Matias em 1470. Durante a maior parte da Idade Média, os húngaros não podiam entrar no local, de uso exclusivo dos alemães. Vários eventos importantes ocorreram na igreja, a exemplo do casamento de Matias e da coroação de Francisco José I e de Carlos IV. Béla III e sua esposa estão enterrados aí. Quando os turcos tomaram Buda, no início do século XVI, a Igreja de Matias foi transformada em mesquita. Segundo a lenda, em 1686 uma imagem de Nossa Senhora apareceu durante as orações dos turcos, que interpretaram a visão como um sinal de derrota – e, de fato, perderam Buda para os Habsburgo. Palco de batalhas na Segunda Guerra, só foi restaurada em 1968 *(pp. 30-1)*.

ALAGÚT

O famoso túnel *(alagút)* que corta a Colina do Castelo foi um dos últimos projetos de Adam Clark, engenheiro escocês que construiu a Ponte das Correntes. Clark adorava Budapeste e fixou-se na cidade após o término da ponte. Comandou as obras do túnel de 1853 a 1857, e a praça situada em frente a entrada do rio Danúbio exibe seu nome. O túnel, que tem 350m de extensão e 11m de altura, não ganhou nome oficial.

6 Rua dos Senhores

MAPA G2 ■ I, Úri utca

As fachadas barrocas e góticas da "Rua dos Senhores" garantem o visual medieval, mas a maioria das casas foi reconstruída entre 1950 e 1960, após danos causados durante a Segunda Guerra. A rua acompanha toda a extensão da Colina do Castelo e tem como destaques a Casa Höbling, no nº 31, com bela fachada gótica; o Museu do Telefone, no nº 49; e o peculiar, porém interessante, Labirinto *(p. 53)*, cuja entrada fica no nº 9. O grande charme está em percorrer a Úri utca de uma ponta a outra.

7 Bastião dos Pescadores

MAPA H2 ■ I, Halászbástya, Szentháromság tér ■ Entrada paga

Desde o início do dia até tarde da noite, inúmeros visitantes passam pela Igreja de Matias e seguem para o Bastião dos Pescadores. Quem sobe nas torres tem uma linda vista de Peste. A estrutura foi erguida em 1895 em estilo neorromânico por Frigyes Schulek.

Vista a partir do Bastião dos Pescadores

8 Igreja de Santa Maria Madalena

MAPA G2 ■ I, Kapisztrán tér 6

Construída no século XIII para uso dos cidadãos húngaros, proibidos de rezar na Igreja de Matias, essa igreja foi reduzida a ruínas. Depois dos danos causados na Segunda Guerra Mundial, restaram apenas a torre e o portão. Mas o local encanta e a praça que o cerca em geral oferece tranquilidade.

Praça do Portão de Viena

9 Praça do Portão de Viena

MAPA G1 ■ I, Bécsi kapu tér

O portão que se vê hoje é uma réplica da estrutura original, que no passado ligava Buda a Viena. Foi construído em 1936 para comemorar o 250º aniversário da libertação de Buda do controle turco. Casas com estrutura gótica e barroca ocupam as ruas em frente à praça. A construção neorromânica na parte esquerda da praça acomoda o Arquivo Nacional e destaca-se pelo teto colorido.

10 Praça Batthyány

MAPA H1 ■ I, Batthyány tér

Centro de Víziváros, essa praça deve seu nome ao conde Lajos Batthyány, primeiro-ministro durante a revolta húngara de 1848-49. Apesar de tomado pelo trânsito, o local preserva algumas maravilhas arquitetônicas. A Casa Hikisch, no nº 3, exibe baixos-relevos inspirados nas quatro estações, enquanto a Igreja de Santa Ana *(p. 45)* exibe belos traços barrocos. Uma homenagem a Ferenc Kölcsey, autor da letra do hino húngaro, vigia a praça.

UM DIA NO BAIRRO DO CASTELO E NO NORTE DE BUDA

MANHÃ

A melhor maneira de chegar ao Castelo é a bordo do **funicular** *(p. 49)*, que sai da Lánchíd utca. Lá de cima, admire a parte externa do imponente **Palácio Sándor** *(p. 69)* – só quem tem uma audiência marcada com o presidente húngaro pode passar pelos guardas. No outro lado do palácio, ergue-se a magnífica **Galeria Nacional Húngara** *(pp. 26-9)*. Tome cuidado para não passar o dia todo explorando o museu. Com planejamento, um pouco mais de uma hora basta para admirar os destaques do acervo. Caminhe pelos arredores do Castelo rumo à **Rua dos Senhores**, *(Úri utca)*, com casas barrocas e góticas, e pare para almoçar no **Café Miró Vár** *(p. 72)*.

TARDE

Siga para o leste rumo ao **Bastião dos Pescadores** e aprecie a magnífica vista do Danúbio e de Peste, na margem oposta; não esqueça a máquina fotográfica. Ao lado encontra-se a histórica **Igreja de Matias**. Para comprar lembranças, percorra as lojas da **Fortuna utca** (o hotel Hilton Budapest, *p. 114*, também conta com uma boa loja de suvenires), antes de seguir até as ruínas da **Igreja de Santa Maria Madalena**. Da igreja, pegue o ônibus que percorre o Bairro do Castelo e passa pela Úri utca, para comer um bolo ou um strudel no **Ruszwurm** *(p. 72)*. Se tiver sorte, poderá assistir a um concerto na Igreja de Matias.

Veja mapa na p. 68

Cafés e Bares

1 Henri Belga Söröző

MAPA H2 ■ I, Bem rakpart 12 ■ 06 201 50 82 ■ Aberto 12h-24h

Encontram-se mais de vinte rótulos de cervejas belgas nesse pub, que fica perto de um restaurante com o mesmo nome.

Oscar American Cocktail Bar

2 Oscar American Cocktail Bar

MAPA G1 ■ I, Ostrom utca 14 ■ 0620 214 25 25 ■ Aberto 17h-2h seg-qua, 17h-4h qui-sáb

Esse sofisticado bar tem cinema como tema e serve uma fantástica variedade de drinques.

3 Angelika

MAPA H1 ■ I, Batthyány tér 7 ■ 06 225 16 53 ■ Aberto abr-out: 9h-24h; nov-mar: 9h-23h

Confeitaria histórica instalada na antiga cripta da Igreja de Santa Ana *(p. 45)*. Ambiente descontraído e ótimos doces garantem o sucesso.

4 Korona Kávéház

MAPA H3 ■ I, Dísz tér 16 ■ 06 375 61 39 ■ Aberto 10h-18h

Excelente café administrado pelos mesmos proprietários do Ruszwurm.

5 Calgary Antik Drink Bar

MAPA B2 ■ II, Frankel Leó utca 24 ■ 06 316 90 87 ■ Aberto 16h-4h

Misto de loja de antiguidades, bar e casa noturna, o Calgary atrai clientes depois que os outros lugares fecham.

6 Faust Wine Cellar

MAPA G2 ■ 1014, Hess András tér 1-3 ■ 0620 398 88 63 ■ Aberto 14h-21h qui-seg

Escape do agito da cidade nessa adega com degustações diárias de vinhos e da típica palinca; os vinhos podem ser comprados por garrafa.

7 Móri Borozó

MAPA G1 ■ I, Fiáth János utca 16 ■ 06 214 92 16 ■ Aberto 14h-23h diariam

Vinho direto do barril vendido em taças. Serve também bons pratos.

8 Café Miró Vár

MAPA G2 ■ I, Úri utca 30 ■ 06 201 23 75 ■ Aberto 9h-23h

Local colorido e muito procurado para um café ou uma refeição leve. O serviço pode ser lento.

9 Café Gusto

MAPA B2 ■ I, Frankel Leó utca 12 ■ 06 316 39 70 ■ Aberto 10h-22h seg-sex, 10h-16h sáb

Esse charmoso local serve uma boa variedade de cafés italianos, além de generosas saladas e pratos. Tem boa seleção de vinhos e destilados.

10 Ruszwurm

MAPA G2 ■ I, Szentháromság utca 7 ■ 06 375 52 84 ■ Aberto 10h-19h diariam

Prepara doces e bolos para uma clientela fiel desde 1824. O strudel ganhou fama mundial, e os móveis antigos devem valer uma fortuna.

O interior nostálgico do Ruszwurm

Restaurantes

CATEGORIAS DE PREÇO
Refeição para uma pessoa com três pratos (ou equivalente) e meia garrafa de vinho, impostos e serviço.

F até Ft5.000 **FF** Ft5.000-10.000
FFF acima de Ft10.000

1 Kacsa Vendéglő

Prepare os melhores adjetivos para descrever a comida desse local. Serviço elegante, com pratos cobertos com protetores de prata *(p. 54)*.

2 Baltazár

MAPA G2 ■ I, Országház utca 31 ■ 06 300 70 50 ■ Aberto 7h30-23h45 diariam ■ FF

Comida simples mas deliciosa. Bifes, hambúrgueres, pato e frango – de fornecedores locais – a preços mais do que razoáveis para a localização. No verão, escolha uma mesa na rua pavimentada de cerâmica.

3 Pavillon de Paris

MAPA H2 ■ I, Fő utca 20 ■ 0620 509 34 30 ■ Aberto 12h-15h e 18h-22h ter-sáb ■ FF

Adorável restaurante que serve culinária francesa autêntica, com destaque para os frutos do mar. Tem também um ótimo terraço com jardim.

4 Fekete Holló

MAPA G2 ■ I, Országház utca 10 ■ 06 356 23 67 ■ Aberto 11h-24h diariam ■ AD ■ FF

Restaurante com música folk ao vivo em quase todas as noites. Os pratos com carne de caça são bastante elogiados.

5 Budavári Mátyás

MAPA G2 ■ I, Hess András tér 4 ■ 06 375 61 75 ■ Aberto 11h-23h diariam ■ FFF

Os budapestinos adoram vir a esse estabelecimento, acomodar-se nas longas mesas para comer, beber e se divertir. Junte-se a eles para se esbaldar com o cardápio de delícias gastronômicas simples e saborosas.

6 Csalogány 26

MAPA A3 ■ I, Csalogány utca 26 ■ 06 201 78 92 ■ Aberto 12h-15h e 19h-22h ter-sáb ■ FF

Restaurante moderno que prepara pratos mediterrâneos simples, principalmente grelhados.

7 Hungarian Kitchen/21

MAPA G2 ■ I, Fortuna utca 21 ■ 06 202 21 13 ■ Aberto 11h-24h ■ FF

Nesse local você pode saborear pratos húngaros com um toque contemporâneo. Seus pratos são preparados com ingredientes frescos do mercado.

8 Alabárdos Étterem

Ótima culinária húngara preparada da maneira tradicional. O exército de chefs não poupa esforços para conseguir efeitos únicos em cada prato. Preços altos, mas vale a pena *(p. 55)*.

O interior chique do Arany Kaviár

9 Arany Kaviár

Para se sentir na Rússia dos czares: caviar, blinis e champanhe em um cenário de opulência *(p. 54)*.

10 Café Pierrot

MAPA G2 ■ I, Fortuna utca 14 ■ 06 375 69 71 ■ Aberto 11h-24h diariam ■ FF

Primeiro café-restaurante privado de Budapeste, fundado em 1982, esse charmoso restaurante oferece pratos deliciosos e serviço de qualidade.

Veja mapa na p. 68

TOP 10 Gellért e Tabán

Monumento da Libertação

Antigas superstições e mistérios medievais cercam as regiões de Gellért e Tabán. Acredita-se que o monte Gellért, com 140m de altura e situado na margem oeste do Danúbio, foi o local da execução do bispo Gellért. Em 1046, um grupo contrário à disseminação do cristianismo na região jogou o religioso do alto da colina, dentro de um barril fechado. Mais tarde, o local acomodou a sinistra cidadela erguida pelos Habsburgo, construída para reprimir revoltas e afirmar o controle. Aos pés da colina, os luxuosos Hotel e Termas Gellért lembram uma época mais pacífica. Durante séculos, Tabán foi o reduto boêmio da cidade, repleto de bares e casas de jogos. Com a criação de parques e áreas residenciais, hoje é uma das regiões mais caras.

GELLÉRT E TABÁN

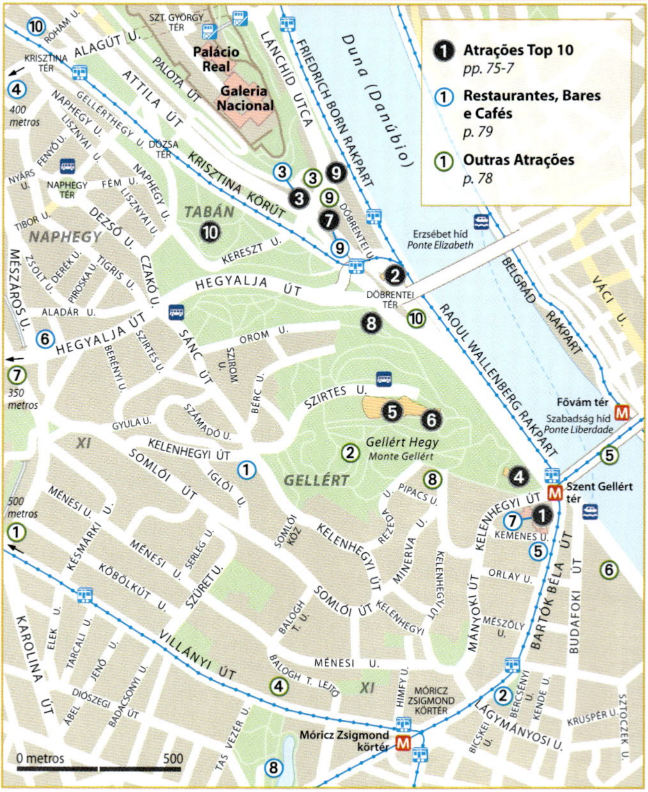

Piscina principal das Termas Gellért

1 Termas Gellért

Construídas em 1918, são as mais famosas e luxuosas de Budapeste. O destaque é a magnífica piscina central, com balcões, colunas e janelas com vitrais, além das tradicionais termas. No verão, as piscinas a céu aberto são disputadas por jogadores de xadrez, que nelas passam o dia. O complexo inclui o Hotel Gellért, mas a entrada das termas fica do outro lado da rua *(pp. 20-1)*.

2 Monumento à Rainha Elizabeth

MAPA J5

Embora a esposa do imperador habsburgo Francisco José I não fosse húngara de nascimento, ela adorava seus súditos de adoção e se esforçou para amenizar as relações entre a Áustria e a Hungria. Muitas ruas, pontes e monumentos levam seu nome. O monumento dedicado a Elizabeth (Erzsébet), que descortina o Danúbio na margem ao pé da colina Gellért, foi projetado por György Zala e erguido em 1932. Originalmente, situava-se na margem oposta do rio, antes de ser removido dali pelos comunistas, em 1947. Foi somente em 1986 que a estátua acabou sendo instalada em seu atual lugar.

3 Casa Cervo Dourado

MAPA J4 ■ I, Szarvas tér 1 ■ 06 375 64 51 ■ Aberto 12h-23h diariam ■ www.aranyszarvas.hu

Aos pés da Colina do Castelo fica a Casa do Cervo Dourado, cujo nome remete ao baixo-relevo sobre a entrada, que mostra um cervo perseguido por dois cães de caça. A casa do século XIX há tempos acomoda o restaurante Aranyszarvas *(p. 79)*, especializado, claro, em carnes de caça – no cardápio, lebre, faisão e pato-selvagem.

4 Igreja da Gruta

MAPA K6 ■ I, Szent Gellért rakpart 1 ■ 0620 775 24 72 ■ Aberto 8h30-20h diariam

Em 1951, na segunda-feira após a Páscoa, a polícia secreta húngara prendeu os monges paulinos na Igreja da Gruta, assassinou o líder Ferenc Vezér e condenou os demais a longos anos de prisão.
A igreja foi fechada e ficou esquecida até agosto de 1989. Esse notável lugar de devoção, encravado nas encostas do monte Gellért, foi fundado por monges da ordem paulina depois de uma viagem a Lourdes, na França, em 1926.
A ordem voltou a tomar conta da igreja, e ela fica fechada para os visitantes quando há cultos religiosos.

Interior da Igreja da Gruta

Arsenal da Cidadela

5 Cidadela
MAPAS J-K6

Erguida para intimidar os moradores de Budapeste após a revolta de 1848-49, a Cidadela nunca foi usada para o objetivo original (reprimir novos levantes), já que os húngaros passaram a reivindicar sua independência por meios mais pacíficos. Apesar do acordo que dava parcial autonomia ao país firmado durante a Monarquia Dual, em 1867, as forças austríacas ocuparam a Cidadela até 1897. Hoje a construção, incluindo o restaurante e o hotel, está fechada devido a longos debates legais. O mirante proporciona linda vista da cidade.

6 Monumento da Libertação
MAPA K6

Um dos marcos mais visíveis de Budapeste, esse imponente mausoléu ergue-se nas proximidades da Cidadela. Foi esculpido por Zsigmond Kisfaludi Stróbl e inaugurado em 1947 para comemorar a libertação da cidade pelas tropas soviéticas. Uma inscrição no pedestal louvava o Exército Vermelho, mas em 1992 foi substituída por outra que celebra "os que deram a vida pela prosperidade da Hungria". Originalmente uma escultura de 6m de altura com um soldado soviético com uma metralhadora, um dos punhos cerrados e o outro segurando uma bandeira, ficava no pé do monumento, mas foi removida e transferida para o Memento Park *(p. 102)*.

BISPO GELLÉRT

Durante uma revolta pagã no século XI, o bispo Gellért foi fechado dentro de um barril e jogado do topo de uma colina na margem oeste do rio Danúbio. Para desculpar-se com Deus, um século depois os budapestinos decidiram dedicar a colina ao bispo. Descendente de italianos, ele havia sido chamado à Hungria para ajudar o recém-batizado Santo Estêvão (István) a difundir o cristianismo na região. Diz-se que o irmão de Estêvão, o príncipe Vata, participou do martírio. Atualmente, o bispo é patrono de Budapeste.

7 Igreja Paroquial de Tabán
MAPA J4 ■ I, Attila út 11
■ 06 375 54 91

Essa igreja é o que restou do antigo bairro de Tabán. Com bela torre em estilo neobarroco, foi erguida entre 1728 e 1736 onde antes havia uma construção, transformada em mesquita e mais tarde destruída na batalha que derrubou o Império Otomano. No interior, há uma cópia de um entalhe do século XII, *Cristo de Tabán*. O original está no Museu Histórico de Budapeste *(p. 69)*.

8 Monumento Gellért
MAPA J5

Segundo a lenda, o santo padroeiro da cidade, bispo Gellért, foi empurrado do alto da colina que hoje exibe seu nome como castigo por ter

Monumento da Libertação

tentado converter os cidadãos budapestinos ao cristianismo, entre eles o jovem príncipe Américo (Imre), filho de Estêvão I. Construído em 1904, hoje o monumento ao mártir encontra-se um pouco desgastado, embora ainda exiba sua majestade original quando visto de longe – e fica especialmente impressionante sob a cuidadosa iluminação noturna. A estátua do santo e o enorme conjunto de colunas neoclássicas que a cerca foram projetados por Gyula Jankovits e Imre Francsek.

Vista da Praça Miklós Ybl

9 Praça Miklós Ybl

MAPA J4 ■ I, Ybl Miklós tér

Arquiteto mais famoso da Hungria e criador de pérolas como a Basílica de Santo Estêvão *(pp. 16-7)*, Miklós Ybl foi homenageado com uma estátua comemorativa instalada na praça que exibe seu nome. Foi projetada por Ede Mayer e erguida em 1894, três anos após a morte de Ybl.

10 Tabán

MAPA H4

Resta muito pouco dos aspectos originais de Tabán, uma vez que as ruas das encostas norte do monte Gellért foram destruídas para abrir espaço para terraços, jardins e construções em estilo Secessão. Foi uma das primeiras partes de Buda a ser habitada – os celtas ocupavam o lugar em 1000 a.C. Os romanos ergueram uma torre de observação e, no século XVI, os turcos construíram as termas Rácz. Dois séculos depois, Tabán acomodou refugiados sérvios, gregos e ciganos. No verão, é um disputado palco para shows e, no inverno, torna-se área de tobogã.

UM DIA EM GELLÉRT E TABÁN

MANHÃ

Comece o dia com um café e um desjejum no **Gellért Eszpresszó** *(p. 21)*, no Hotel Gellért, depois vire a esquina rumo às **Termas Gellért** *(pp. 20-1)*. Tente resistir à tentação de passar o dia todo nas várias termas e piscinas, limitando a visita a algumas horas de banho e massagens. Com as energias recuperadas, você estará em forma para encarar o **monte Gellért** *(p. 78)* e chegar à **Cidadela**. Aprecie a bonita vista dos arredores da fortificação e faça uma pausa para o almoço no restaurante **Búsuló Juhász Étterem** *(p. 79)*.

TARDE

Depois de comer, desça rumo ao sul até a **Igreja da Gruta** *(p. 69)*, instalada nas encostas do monte Gellért. Caminhe em direção à Praça Gellért e siga para o norte à beira do cais a bordo do esplêndido bonde nº 19, que vai até a **Praça Miklós Ybl**. Com uma curta caminhada rumo oeste chega-se ao bairro de **Tabán**, ideal para apreciar construções no estilo secessionista. Percorra os belos terraços e jardins que ocupam o lugar de antigos cortiços. Em seguida, vá conhecer a **Igreja Paroquial de Tabán**, perto da Attila út e um dos poucos locais que restaram do antigo bairro. Ao norte está o fascinante **Museu Semmelweis de História da Medicina** *(p. 78)*. Termine o dia com uma refeição típica no restaurante Aranyszarvas, instalado na **Casa Cervo Dourado** *(p. 75)*.

Outras Atrações

1 Reserva Natural de Sashegy

MAPA N2 ■ XI, Tájék utca 26 ■ 0630 408 43 70 ■ Horários variam ■ Entrada paga

Pequena reserva com centro onde os visitantes podem obter informações sobre plantas, insetos e répteis da área, como o lagarto-da-panônia.

2 Monte Gellért

MAPA J6

As vistas a partir do monte Gellért, em especial dos terraços da Cidadela, estão entre as mais bonitas de Budapeste.

3 Museu Semmelweis de História da Medicina

MAPA J4 ■ I, Apród utca 1-3 ■ 06 375 35 33 ■ Aberto meados mar-out: 10h30-18h ter-dom (até 16h nov-meados mar) ■ Entrada paga ■ www.semmelweis.museum.hu

A residência do médico Ignáz Semmelweis (1818-65) foi transformada em museu. Há desde remédios do Egito Antigo até recursos atuais.

4 Igreja Cisterciense de Santo Américo

MAPA B6 ■ XI, Villányi út 25 ■ 06 466 58 86

Neobarroca, foi erguida em 1938 e abriga relíquias de Santo Américo, padroeiro da ordem dos cistercienses.

5 Ponte Liberdade

Construída em 1894-99 por János Feketeházy, essa ponte originalmente homenageava o imperador Francisco José *(p. 49)*.

6 Universidade Técnica

MAPA C6 ■ XI, Műegyetem rakpart 3 ■ 06 463 11 11

A maior instituição acadêmica do país data de 1904. Entre os ex-alunos está Ernő Rubik, inventor do cubo mágico.

7 Budapest Congress Center

MAPA A5 ■ XII, Jagelló út 1-3 ■ 06 372 54 00 ■ AD ■ www.bcc.hu

Aberto em 1975, esse complexo abriga o Novotel Budapest Hotel e salas de conferências. Destaca-se por sediar concertos e exposições.

8 Antiga Embaixada Sueca

MAPA K6 ■ XI, Minerva utca 3

Essa construção ganhou fama graças ao diplomata sueco Raoul Wallenberg, que salvou dezenas de milhares de judeus dos campos de extermínio nazistas. Há uma estátua em sua memória perto de lá.

9 Edifício Virág Benedek

MAPA J4 ■ Apród utca 10 ■ 06 201 70 93 ■ Aberto 14h-18h qua, sex e sáb, 11h-18h dom ■ www.museum.hu

Único remanescente da antiga área de Tabán, destruída por um incêndio em 1810, abriga o Museu Histórico de Tabán.

10 Termas Rudas

As luxuosas Termas Rudas *(p. 47)*, com sua cúpula de estilo turco, estão entre as mais antigas da cidade, datando de c. 1550.

Ponte Liberdade

Restaurantes, Bares e Cafés

CATEGORIAS DE PREÇO
Refeição para uma pessoa com três pratos (ou equivalente) e meia garrafa de vinho, impostos e serviço.

F até Ft5.000 **FF** Ft5.000-10.000
FFF acima de Ft10.000

1 Búsuló Juhász Étterem

As encostas do monte Gellért acomodam esse estabelecimento, que serve pratos tradicionais. No cardápio, carnes de caça e bons vinhos *(p. 55)*.

2 Marcello

MAPA C6 ■ XI, Bartók Béla út 40 ■ 06 466 62 31 ■ Aberto 12h-23h diariam ■ FF

Pizzaria simples, oferece pizzas crocantes e deliciosas com massa fina. Reserve antes de ir.

3 Aranyszarvas

MAPA J4 ■ Szarvas tér 1 ■ 06 375 64 51 ■ Aberto 12h-23h diariam ■ FF

Esse restaurante simpático prepara carnes de caça, peixe e aves. No verão, a área aberta proporciona lindas vistas da cidade.

4 Márványmenyasszony Étterem

MAPA A4 ■ XII, Márvány utca 6 ■ 0630 625 85 59 ■ Aberto 12h-24h diariam ■ AD ■ FF

Calmo e isolado – a banda de folk tradicional começa a tocar às 21h. É ideal para provar a autêntica culinária húngara.

Bolos do Asztalka

5 Szeged Étterem

MAPA C6 ■ XI, Bartók Béla út 1 ■ 06 209 16 68 ■ Aberto 12h-23h diariam ■ FF

Restaurante húngaro situado nas proximidades do Hotel Gellért. Comida boa, com destaque para os peixes de rio.

6 János Étterem

MAPA A5 ■ XI, Hegyalja út 23 ■ 06 202 34 14 ■ Aberto 12h-24h diariam ■ FFF

Culinária de boa qualidade em um hotel modesto. No cardápio, pratos clássicos da cozinha húngara.

Gellért Eszpresszó

7 Hotel Gellért

Esse hotel tem três locais para comer, cada um com terraço próprio – o Eszpresszó, a Brasserie e o Panorama. O último tem bufê de brunch aos domingos *(pp. 20-1)*.

8 Hemingway Étterem

MAPA P2 ■ XI, Kosztolányi Dezső tér 2 ■ 06 381 05 22 ■ Aberto 12h-24h seg-sex, 12h-16h sáb ■ Dis. access ■ FF

Escape do alvoroço do centro para apreciar um mojito ou um charuto no terraço desse ótimo restaurante.

9 Asztalka

MAPA J4 ■ I, Döbrentei utca 15 ■ 06 581 33 99 ■ Aberto 15h-18h qua-sex, 13h-18h sáb, dom ■ F

Esse pequeno café está sempre lotado. Serve bolos diferentes a cada dia e cafés especiais.

10 Café Déryné

MAPA G3 ■ I, Krisztina tér 3 ■ 06 225 14 07 ■ Horários variam ■ AD ■ FF

Muito procurado por moradores locais, esse bistrô familiar com estilo francês costuma ficar lotado nos brunches de fim de semana.

TOP 10 Parlamento e Arredores

O Castelo de Buda e o Palácio Real podem se orgulhar da privilegiada localização no alto da Colina do Castelo, mas o maior cartão-postal da cidade é o magnífico Parlamento. A região que o cerca esbanja histórias de lutas pelo poder e exibe amplas praças, avenidas largas e construções em estilo Secessão, legado do então poderoso Império Austro-Húngaro. Perto, ficam algumas das edificações mais importantes da capital húngara, como a Basílica de Santo Estêvão e a ilustre Ópera Nacional Húngara. Alguns dos melhores restaurantes também estão nessa área, além de lojas e belas casas.

Monumento a Lajos Kossuth na Praça Kossuth Lajos

PARLAMENTO E ARREDORES

1 Praça Kossuth Lajos

MAPA K1 ■ V, Kossuth Lajos tér

Ainda considerada o melhor endereço de Budapeste, essa praça magnífica é cercada de lindas construções. Foi erguida no final do século XIX, depois da unificação de Buda e Peste. Homenageia Lajos Kossuth, que comandou a revolta de 1848-49 contra os Habsburgo, fez parte do primeiro governo democrático da Hungria e partiu para o exílio em 1849, após a repressão ao movimento. Um monumento em frente ao Parlamento relembra o levante do povo húngaro. Diante dele há outro monumento, porém esse feito em memória de Ferenc II Rákóczi, líder da revolta contra o controle austríaco ocorrida em 1703. Perto fica o memorial a Imre Nagy, político que comandou a rebelião contra a ocupação soviética, em 1956.

2 Praça Széchenyi István

MAPA K3 ■ V, Széchenyi István tér

Essa praça já teve vários nomes. Primeiro conhecida como "Praça do Desembarque", foi rebatizada como Praça Francisco José, em comemoração à coroação dele. Entre 1947 e 2011 recebeu o nome do presidente americano Franklin Roosevelt e hoje homenageia o fundador da Academia de Ciências. Acomoda belos hotéis, entre eles o Palácio Gresham *(p. 83)*.

3 Museu Etnográfico

MAPA K1 ■ V, Kossuth Lajos tér 12 ■ 06 473 24 00 ■ Aberto 10h-18h ter-dom ■ Entrada paga ■ AD (Entrada pela Szalay utca) ■ www.neprajz.hu

Esse museu imenso ocupa uma esplêndida construção neoclássica na Praça Kossuth Lajos. Projetado por Alajos Hauszmann, acomodou o Ministério da Justiça até 1947, quando foi transformado em museu. A exemplo do Parlamento, a grandiosa fachada e a parte interna ricamente decorada refletem a opulência predominante no Império Austro-Húngaro. O acervo conta com coloridos trajes típicos, brinquedos, móveis e adereços de casamento. O museu deve mudar para novas instalações no final de 2017.

Museu Etnográfico

4 Parlamento

Construída em 1902 para acomodar a Assembleia Nacional, a sede do Parlamento continua sendo o principal motivo de orgulho cívico da cidade. Foi projetado por Imre Steindl, professor da Universidade Técnica de Budapeste, que ganhou a concorrência para a escolha do projeto e se inspirou no Parlamento de Londres. Na parte interna, a bela construção abriga quadros, afrescos e tapeçarias de artistas húngaros famosos. Para conhecer o interior é preciso fazer parte de uma visita guiada, realizada apenas quando não há sessões *(pp. 12-5)*.

Parlamento

A impressionante e colorida nave da Basílica de Santo Estêvão

5 Basílica de Santo Estêvão

Visível de toda a cidade, a cúpula da Basílica de Santo Estêvão tem a mesma altura que o domo do Parlamento. Foi erguida no lugar onde ficava o Teatro Prank, palco de ferozes lutas entre lobos e ursos no século XVIII. Hoje, é considerado um dos lugares mais sagrados da capital húngara e abriga a mão direita mumificada de Santo Estêvão (István) *(pp. 16-7)*.

6 Academia de Ciências

MAPA K2 ▪ V, Széchenyi István tér 9 ▪ 06 411 64 89 ▪ Aberto 11h-16h seg e sex

Inaugurada em 1864, a Academia de Ciências, projetada por Friedrich Stüler, é um exemplar clássico da arquitetura neorrenascentista. As estátuas da fachada, entre elas as de Isaac Newton e de René Descartes, são de Miklós Izsó e Emil Wolff. Na parte interna, há mais obras de Izsó.

7 Praça da Liberdade

MAPA K2 ▪ V, Szabadság tér

Instalada em 1886 no local onde ficavam as acomodações das tropas austríacas, a Praça da Liberdade há tempos simboliza a luta do país por sua autonomia. O primeiro premiê da Hungria independente, conde Lajos Batthyány, foi executado no local em 6 de outubro de 1849. Em 1956, a mesma praça serviu de cenário para protestos contra a presença soviética. Uma chama permanente na esquina da Aulich e da Hold utca homenageia Batthyány, enquanto a estátua situada na parte norte relembra as tropas soviéticas que libertaram a cidade em 1944-45.

8 Ópera Nacional Húngara

Essa construção magnífica é uma das salas de espetáculo mais lindas da Europa e, para apreciá-la inteiramente, o melhor a fazer é assistir a um concerto. Há apresentações de balé e óperas de alta qualidade quase todas as noites, mas os ingressos não são baratos *(pp. 32-3)*.

Plateia da Ópera Nacional Húngara

SIR THOMAS GRESHAM

Embora um dos mais belos edifícios da cidade leve seu nome, Sir Thomas Gresham **(abaixo)** nunca esteve em Budapeste. O Palácio Gresham foi encomendado mais de 300 após a morte de Gresham pela companhia de seguros fundada por ele. Figura principal na fundação da Bolsa de Valores de Londres, Gresham é mais lembrado pela frase que tornou famosa: "A moeda má expulsa do mercado a moeda boa".

9 Palácio Gresham

MAPA K3 ■ V, Széchenyi István tér 5-7 ■ 06 268 60 00 ■ Aberto 24 horas diariam ■ AD ■ www.fourseasons.com/budapest

Projetada por Zsigmond Quittner e pelos irmãos József e László Vágó em 1907, o Palácio Gresham ocupa um dos lugares mais privilegiados de Budapeste, em frente à Ponte das Correntes. Exibe várias características secessionistas, das janelas com vitrais (um deles com o retrato do patriota Lajos Kossuth) ao átrio alto e o candelabro. Atualmente, funciona aí um hotel da rede Four Seasons *(p. 116)*.

10 Teatro Operetta

MAPA M2 ■ VI, Nagymező utca 17 ■ 06 472 20 30 ■ somente com hora marcada ■ www.operettszinhaz.hu

Desde 1898, o palco do antigo Teatro Orfeu acomodou operetas (óperas curtas). Projetado pelos arquitetos vienenses Fellner e Helmer, em 1923 passou por reforma e ganhou o nome de Teatro Operetta, destacando-se pela programação dedicada a essa modalidade musical. O local foi revitalizado em 1999-2001, mas a parte interna continuou fiel ao projeto original.

UM DIA NA REGIÃO DO PARLAMENTO

MANHÃ

Comece o dia com um sanduíche ou com um dos excelentes doces do café **Szamos Today** (Kossuth Lajos tér 10; 06 269 02 16; aberto 7h30-19h diariam), próximo à estação de metrô Kossuth Lajos tér. A seguir, cruze a **Praça Kossuth Lajos** *(p. 81)* em uma agradável caminhada rumo ao sensacional **Parlamento** *(pp. 12-5)*. Inscreva-se em uma das visitas guiadas, única maneira de conhecer o interior da casa. Caminhe pelo gracioso passeio à beira do rio Danúbio até chegar à **Széchenyi István**, na base da **Ponte das Correntes** *(p. 49)*. Para encerrar o programa, faça uma refeição leve no terraço do **Four Seasons Hotel Gresham Palace**.

TARDE

Caminhe pela **Zrinyi utca**, uma das ruas residenciais mais famosas de Budapeste, célebre pelos edifícios em estilo Secessão, até chegar à magnífica **Basílica de Santo Estêvão** *(pp. 16-7)*, na praça com o mesmo nome. Suba os degraus até o alto da cúpula para apreciar toda a beleza da cidade. Depois, continue o passeio rumo à **Ópera Nacional Húngara** *(pp. 32-3)*, e tente se programar para chegar a tempo de pegar um passeio guiado (às 15h e 16h). Se quiser jantar cedo, acomode-se no apreciado **Klassz** *(p. 85)* e prepare-se para uma grande noite na Ópera (compre os ingressos com antecedência). Encerre o dia com um drinque no **Boutiq'Bar** *(p. 84)* ao final do espetáculo.

Veja mapa na p. 80

Cafés e Bares

1 Ötkert

Com aparência moderna, esse bar descolado buscou inspiração nos bares em jardins nas ruínas, típicos do sétimo distrito *(p. 56)*.

Pátio do descolado Ötkert

2 Európa Kávéház

MAPA C2 ■ Szent István Krt 7-9 ■ 06 312 23 62 ■ Aberto 7h-20h diariam

Esse café clássico serve doces, bolos e talvez o melhor chocolate quente da cidade: há pelo menos oito tipos diferentes.

3 Desszert.Neked

MAPA M2 ■ Paulay Ede utca 17 ■ 0620 253 15 19 ■ Aberto 11h-21h seg-sex, 10h-21h sáb-dom

Esse café serve doces franceses e húngaros revisitados. Muitos bolos locais ganham um toque moderno.

4 The Box Donut

MAPA L1 ■ Teréz körút 62 ■ Aberto 7h42-20h08 seg-sáb, 9h42-20h08 dom

Esse lugar lhe mostra como endireitar um círculo: serve rosquinhas quadradas de 25 sabores, além de sanduíches e café.

5 Vakegér Tőzsdekocsma

MAPA M2 ■ VI, Paulay Ede utca 2 ■ 06 266 02 70 ■ Aberto 18h-2h diariam

No "Bar de Câmbio Rato Cego", o preço das bebidas sobe e desce conforme a demanda. Espere a quebra da bolsa, quando todos os preços despencam!

6 La Delizia

MAPA M1 ■ Jókai utca 13 ■ Aberto 10h-20h seg-sáb

Esse café vende todo tipo de biscoitos caseiros e saudáveis sobremesas sem açúcar, lactose ou glúten.

7 Boutiq'Bar

O Boutiq'Bar lota depois das 21h. Os drinques são excelentes, e os bartenders, educados *(p. 57)*.

8 Tóth Kocsma

Trata-se da quintessência do típico bar de Budapeste. Lugares como esse eram comuns antes de serem expulsos do centro da cidade por comércios mais descolados. Imperdível para tomar cerveja ou palinca com os habitantes. Prove a cidra de flor de sabugueiro *(p. 56)*.

9 Blue Tomato

O interessante cardápio, com pratos húngaros modernos, é a principal atração nesse bar. O ambiente aconchegante é garantido pelas paredes de madeira, repletas de pôsteres americanos antigos *(p. 56)*.

10 Tokaji Borozó

MAPA C3 ■ V, Falk Miksa utca 32 ■ 06 269 31 43 ■ Aberto 12h-21h seg-sex

Bar de vinhos em que o destaque são as famosas variedades de mesa conhecidas como Tokaji. Muitos clientes saboreiam uma taça da maneira tradicional: em pé, no bar.

Restaurantes

CATEGORIAS DE PREÇO
Refeição para uma pessoa com três pratos (ou equivalente) e meia garrafa de vinho, impostos e serviço.

F até Ft5.000 **FF** Ft5.000-10.000
FFF acima de Ft10.000

1 Klassz

MAPA M2 ■ VI, Andrássy út 41 ■ Aberto 11h30-23h diariam ■ FF

Bistrô moderno, serve pratos internacionais com ingredientes locais e excelentes vinhos. Não aceita reservas.

2 Iguana

MAPA K2 ■ V, Zoltán utca 16 ■ 06 331 43 52 ■ Aberto 11h30-0h30 diariam ■ AD ■ FF

Pratos de inspiração tex-mex em ambiente agradável. Fajitas, tortilhas e burritos servidos em porções generosas, a preços acessíveis.

3 Ape Regina Restaurant & Bar

MAPA L1 ■ Podmaniczky utca 18 ■ 0630 779 75 45 ■ Aberto 12h-24h diariam ■ FF

O Ape Regina serve comida italiana à vontade. Algumas bebidas estão inclusas no preço fixo.

4 Stradivari Restaurant

MAPA L3 ■ Hercegprímás utca 5 ■ 0630 438 88 24 ■ FFF

O elegante restaurante do Aria Hotel serve comida de bistrô. Visite o High Note SkyBar na cobertura, com vista panorâmica da cidade.

5 Imázs Restaurant

MAPA L2 ■ 1065, Hajós utca 16-18 ■ 06 269 32 63 ■ Aberto diariam ■ AD ■ FF

Localizado no coração de Budapeste, esse restaurante serve ótima comida, tanto tailandesa quanto japonesa.

6 Onyx Restaurant

Szullo Szabina, a chef executiva desse restaurante, foi a primeira húngara a receber uma estrela do Guia Michelin. Saboreie a alta culinária sem gastar uma fortuna escolhendo um dos menus fixos *(p. 54)*.

7 Sir Lancelot

MAPA C3 ■ VI, Podmaniczky utca 14 ■ 06 302 44 56 ■ Aberto 12h-1h ■ FF

Esse restaurante temático serve fartas porções de pratos medievais – de joelho de porco a frango e ganso inteiros.

8 Kolllázs

O restaurante Kolllázs, no magnífico Palácio Gresham *(p. 83)*, serve desde pratos criativos até iguarias simples. Há opções rápidas, como o torresmo de ganso e o hambúrguer confitado, e refinadas, como o robalo assado no sal *(p. 55)*.

O interior elegante do Kolllázs

9 Marquis de Salade

MAPA L2 ■ VI, Hajós utca 43 ■ 06 302 40 86 ■ Aberto 12h-1h diariam ■ FF

Esse bistrô concorrido serve pratos da antiga União Soviética, em especial o Azerbaijão. Boa oferta de opções vegetarianas.

10 Café Kör

MAPA L3 ■ V, Sas utca 17 ■ 06 311 00 53 ■ Aberto 10h-22h seg-sáb ■ FF

Estabelecimento apreciado por estrangeiros que vão ao local em busca de refeições leves, boas bebidas e ambiente descontraído. Não aceita cartões de crédito.

Veja mapa na p. 80

TOP 10 Centro de Peste

A maioria dos visitantes que chega à capital húngara se dirige a essa região, conhecida como Belváros, ou "cidade interna". Trata-se do núcleo comercial de Budapeste, célebre pelas belas construções, lojas e cafés. No entanto, no final do século XVII a área chegou a ficar em ruínas, ganhando novas feições apenas no século XIX, com a construção de marcos importantes de Peste, como o Museu Nacional Húngaro. Hoje, várias ruas são exclusivas para pedestres e convidam o visitante a passear, apreciar vitrines e fazer refeições ao ar livre. No verão, o trecho sul da Váci utca fica tomado por cafés e bares, disputados por frequentadores do anoitecer à aurora do dia seguinte.

Artefato do Museu Nacional Húngaro

CENTRO DE PESTE

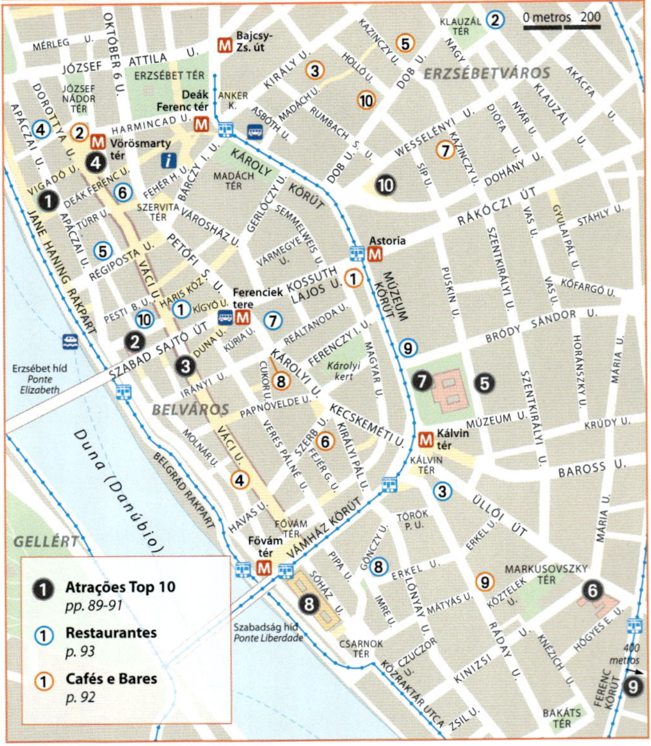

Páginas anteriores Bastião dos Pescadores

1 Praça Vigadó

MAPA K4 ■ V, Vigadó tér

Em frente ao rio Danúbio, essa praça é um dos refúgios mais calmos de Budapeste. O destaque é a Sala de Concertos Vigadó, com colunas que servem de abrigo contra o calor nas tardes de verão. Erguida entre 1859 e 1864 de acordo com o projeto de Frigyes Feszl, substitui uma sala anterior, destruída na revolta de 1848-49. A fachada é um encanto de janelas em arco, estátuas e bustos e, no centro, ostenta o brasão de armas da Hungria. Danificada na Segunda Guerra, recuperou o antigo esplendor após cuidadosa restauração. Em frente está o Budapest Marriott Hotel *(p. 116)*, erguido em 1969. Os píeres que saem da praça são locais de partida para passeios pelo rio Danúbio.

2 Igreja Paroquial da Cidade Interna

MAPA K4 ■ V, Március 15 tér 2 ■ 06 318 31 08 ■ Aberto 9h-19h diariam

A igreja mais antiga de Peste tem um passado conturbado. A estrutura original, em estilo romano, foi destruída pelos tártaros; a que veio em seguida, no século XIV, acomodou uma mesquita quando os turcos tomaram a cidade. Na Segunda Guerra, quase desapareceu outra vez, porque os construtores da Ponte Elizabeth queriam abrir toda a área. Felizmente, a construção foi salva no último minuto – a curta distância a que passam os carros relembra a ameaça.

Igreja Paroquial da Cidade Interna

A rua de pedestres Váci utca

3 Váci Utca

Uma das ruas mais antigas de Peste, no passado a Váci utca levava até a cidade de Vác *(p. 65)*. Celebrizou-se por reunir comerciantes e golpistas, que se encontravam no portão Vác, localizado no nº 3 da Váci utca. À medida que Peste prosperou, a rua também progrediu, e logo tornou-se a via favorita dos budapestinos ricos. O pequeno comércio foi substituído por lojas sofisticadas e hoje a rua é um dos principais centros de compras da cidade. Na parte norte ficam lojas menores e de departamentos e no trecho sul, exclusivo para pedestres, estão alguns dos melhores cafés e clubes *(pp. 18-9)*.

4 Praça Vörösmarty

MAPA K3 ■ V, Vörösmarty tér

Essa magnífica praça homenageia o poeta Mihály Vörösmarty, representado em uma estátua instalada no centro. Projetada por Ede Telcs e confeccionada em mármore de Carrara, eterniza as palavras do artista: "Sirva a sua terra, a Hungria, sem hesitar". Na parte norte da praça o destaque é a Gerbeaud Cukrászda *(pp. 18 e 57)*, confeitaria mais famosa da cidade. Se tiver tempo, visite a singular estação de metrô.

BAIRRO JUDAICO

O bairro judaico de Budapeste fica logo ao norte da Károly körút. A comunidade prosperou até 1941, quando o governo do almirante Horthy promulgou leis antissemitas. Em 1944 grande parte da área era um gueto e milhares de judeus foram deportados para campos de extermínio. Hoje a comunidade voltou a crescer, com sinagogas, lojas e restaurantes kosher.

5 Praça Mihály Pollack

MAPA D5 ■ V, Pollack Mihály tér

A praça homenageia o criador de várias construções neoclássicas, entre elas o Museu Nacional, e destaca-se por sediar três palácios, erguidos para os nobres mais ricos da Hungria – o conde Károlyi, no nº 6, o príncipe Eszterházy, no nº 8, e o príncipe Festetics, no nº 10. As lindas fachadas das construções (apenas o Palácio Festetics pode ser visitado) fizeram da praça um dos recantos mais charmosos da cidade.

6 Museu de Artes Aplicadas

MAPA D5 ■ IX, Üllői út 33-7 ■ 06 456 51 07 ■ Aberto 10h-18h ter-dom ■ AD ■ Entrada paga ■ www.imm.hu

A inauguração desse museu marcou o final das comemorações do Milênio, em 1896. Erguido para acomodar o acervo do Estado húngaro, o edifício em estilo secessionista foi projetado por Ödön Lechner e Gyula Pártos. O peculiar estilo oriental revela-se nas cúpulas verdes e no pátio coberto com vidro. Em exposição, peças de arte e trajes típicos.

Cúpula do Museu de Artes Aplicadas

Museu Nacional Húngaro

7 Museu Nacional Húngaro

O Museu Nacional foi criado em 1802, graças à atuação do conde Ferenc Széchényi *(p. 35)*, que doou todo o seu acervo formado por livros e objetos de arte à nação. A sede foi concebida por Mihály Pollack e concluída em 1845. Três anos depois, a escadaria da instituição tornou-se palco de um fato histórico, quando Sándor Petőfi recitou o poema "Nemzeti dal" ("Canção nacional") nos degraus e deu início à revolta de 1848-49, um acontecimento relembrado todos os anos. O museu abriga a maior concentração de objetos de arte de todo o território húngaro *(pp. 34-5)*.

8 Universidade Corvino de Budapeste

MAPA L6 ■ V, Fővám tér 8 ■ 06 482 50 00

Uma obra-prima neorrenascentista, essa construção foi erguida entre 1871 e 1874 para acomodar a alfândega. Com um projeto de Miklós Ybl, exibe fachada de três andares voltada para o rio Danúbio – um conjunto de colunas apoia um balcão com duas fileiras de arcos. A balaustrada reúne dez imagens esculpidas por August Sommer. Em 1951, o local passou a acomodar a Universidade de Economia Karl Marx, cuja estátua permanece no prédio. Em 2000 recebeu o nome atual.

9 Sinagoga da Rua Páva e Memorial do Holocausto

MAPA E6 ■ IX, Páva utca 39 ■ 06 455 33 33 ■ Aberto 10h-18h ter-dom ■ AD ■ Entrada paga ■ www.hdke.hu

Restaurada e ampliada entre 2002 e 2005 para incluir o Memorial do Holocausto, a Sinagoga da Rua Páva foi construída nos anos 1920 e fechada pelas autoridades húngaras, cada vez mais antissemitas, em 1941. O comovente memorial apresenta exposições e um Mural da Memória, de vidro, no qual se espera que um dia o nome de todas as vítimas húngaras do Holocausto (foram mais de 600 mil) seja gravado. Atualmente contém cerca de 175 mil nomes.

A Árvore da Vida, no Memorial do Holocausto, atrás da Grande Sinagoga

10 Grande Sinagoga

Construída entre 1854-59 em estilo bizantino pelo arquiteto vienense Ludwig Förster, a maior sinagoga da Europa comporta mais de 3 mil pessoas. Abriga o Museu Judaico *(p. 36-7)*, que conta a história dos judeus budapestinos. Nos fundos da sinagoga fica o Parque Memorial Raoul Wallenberg, que apresenta a Árvore da Vida, um memorial do Holocausto projetado por Imre Varga. Trata-se de um salgueiro com folhas de prata com os nomes de alguns dos 600 mil judeus húngaros mortos no Holocausto.

UM DIA NO CENTRO DE BUDAPESTE

MANHÃ

Uma saborosa xícara de café no terraço do modernista **Budapest Marriott Hotel** *(p. 116)*, na Praça Vigadó, marca o início do dia. Caminhe rumo a leste até chegar a **Váci utca** *(pp. 18-9)*, com belas lojas no trecho norte, além de barracas de suvenires e lojas de marcas famosas. A seguir, visite a **Igreja Paroquial da Cidade Interna** *(p. 89)*, a mais antiga de Peste, perto da Szabad Sajtó út. Faça uma parada para uma refeição leve no **Café Vu**, instalado no hotel Mercure Budapest City Center.

TARDE

Depois do almoço, pegue o metrô na estação Ferenciek tere até a Astoria ou ande 10 minutos pela movimentada Kossuth Lajos utca, rumo à **Grande Sinagoga**, na Dohány utca. Visite o magnífico templo em estilo bizantino e o excelente **Museu Judaico** *(p. 42)*, antes de dedicar alguns momentos à memória dos judeus mortos na Segunda Guerra, diante da **Árvore da Vida**, no **Parque Memorial Raoul Wallenberg**, localizado no pátio nos fundos da sinagoga. Em seguida, percorra o restante do gracioso **Bairro Judaico**, famoso pelas lojas de presentes e simpáticas livrarias, além da sinagoga bem mais simples situada na Rumbach S utca e Kazinczy utca. Termine seu dia com um delicioso jantar kosher no ótimo restaurante **Carmel Pince** (Kazinczy utca 31).

Veja mapa na p. 88

Cafés e Bares

1 Astoria Café

MAPA M4 ■ V, Kossuth Lajos utca 19-21 ■ 06 889 60 22 ■ Aberto 7h-23h diariam ■ AD

Elegante café do Hotel Astoria, consegue transformar uma xícara de espresso em um evento.

O luxuoso interior do Café Astoria

2 Gerbeaud Cukrászda

Os doces divinamente enfeitados combinam com o luxo da confeitaria mais famosa da cidade *(p. 57)*.

3 Spíler BistroPub

MAPA M3 ■ Király utca 13, Gozsdu udvar ■ 06 878 13 09

Divide-se em dois espaços no pátio Gozsdu: Spíler Classic é um café gastronômico com design moderno e decoração que remete à Hungria socialista, e Spíler Shanghai parece um clube secreto de Chinatown.

4 1000 Tea

MAPA L5 ■ V, Váci utca 65 ■ 06 337 82 17 ■ Aberto 12h-21h seg-sáb

A casa oferece uma grande variedade de chás. Com música suave, é ideal para curtir o final da tarde.

5 Kőleves (Sopa de Pedra)

MAPA M3 ■ VII, Kazinczy utca 37-41 ■ 06 322 10 11 ■ Aberto 11h-24h

Comida caseira e saudável é servida a preços razoáveis nesse restaurante conhecido em toda a cidade. Para acompanhar, peça um dos vinhos da casa.

6 Blue Lagoon Tiki Bar

MAPA M5 ■ V, Szerb utca 17 ■ 0670 594 33 55 ■ Aberto 16h-24h diariam (até 1h sex)

Talvez o bar de coquetéis mais em conta de Budapeste. A decoração havaiana e kitsch é exagerada, mas faz a alegria dos fregueses locais e visitantes, que lotam o espaço.

7 Szimpla Kert

Instalado em um antigo prédio residencial, o Szimpla Kert é o maior bar em jardim nas ruínas do sétimo distrito, além de ser um dos mais famosos da cidade, com shows frequentes e Wi-Fi disponível até as 19h *(p. 56)*.

8 Centrál Kávéház

MAPA L4 ■ V, Károlyi Mihály utca 9 ■ 06 266 21 10 ■ AD

Ocupando a construção de uma cafeteria da década de 1880, é um dos preferidos entre os moradores.

9 Paris, Texas

MAPA D5 ■ IX, Ráday utca 22 ■ 06 218 05 70 ■ Aberto 12h-3h

Destino de baladeiros descolados da cidade em alta madrugada. O toque texano fica por conta da variedade de uísques de malte servido na casa.

10 Doblo

Esse pequeno e elegante bar serve ótimos vinhos do mundo todo. Destacam-se os vinhos nacionais, mas há uma ampla carta de rótulos internacionais. Não hesite em pedir sugestões aos simpáticos atendentes *(p. 56)*.

O Doblo oferece excelentes vinhos

Restaurantes

CATEGORIAS DE PREÇO
Refeição para uma pessoa com três pratos (ou equivalente) e meia garrafa de vinho, impostos e serviço

F até Ft5.000 **FF** Ft5.000-10.000
FFF acima de Ft10.000

1 Apostolok

MAPA L4 ■ V, Kígyó utca 4-6 ■ 06 269 95 66 ■ FFF

Esse restaurante no coração da cidade abriu como um bar em 1902. Oferece excelente comida com os sabores húngaros tradicionais.

2 Kádár Étkezde

MAPA D4 ■ VII, Klauzál tér 9 ■ 06 321 36 22 ■ Aberto 11h30-15h30 ter-sáb ■ Não aceita cartões de crédito ■ F

Esse restaurante judaico não kosher é um autêntico tesouro do sétimo distrito.

3 Costes

Garçons de luvas brancas deslizam de mesa em mesa nesse restaurante chique que foi premiado pelo Guia Michelin e está na vanguarda da cena gastronômica contemporânea. Não é para quem quer economizar, embora o almoço tenha opções mais em conta *(p. 54)*.

4 Baraka

Contemporâneo no design e na comida, oferece bons menus-degustação (com até sete pratos) a ótimos preços, abrangendo todos os sabores preparados na cozinha. A carta de vinhos é excelente *(p. 54)*.

5 Comme Chez Soi

Ótima comida italiana no cardápio desse pequeno lugar charmoso. Os pratos são preparados numa cozinha aberta atrás do bar, à vista dos clientes. Não é barato, e é preciso reservar mesa um ou dois dias antes, mas vale tanto o custo quanto a espera. Uma experiência culinária realmente fantástica *(p. 54)*.

6 Cyrano

MAPA K4 ■ V, Kristóf tér 7-8 ■ 06 226 47 47 ■ Aberto 8h-24h diariam ■ AD ■ FFF

Com a reputação de servir o melhor goulash da cidade, o luxuoso Cyrano é conhecido por seu alto padrão.

7 Kárpátia Étterem és Söröző

MAPA L4 ■ V, Ferenciek tere 7-8 ■ 06 317 35 96 ■ Aberto 11h-23h diariam ■ AD ■ FFF

Pratos clássicos e cenário histórico, um dos melhores de Budapeste.

Galerias no interior do Borbíróság

8 Borbíróság

MAPA M6 ■ IX, Csarnoktér 5 ■ 06 219 09 02 ■ Aberto 12h-23h30 seg-sáb ■ FF

O "tribunal do vinho" busca inspiração no direito e oferece muitos rótulos, principalmente húngaros.

9 Múzeum Kávéház és Étterem

MAPA M4 ■ VIII, Múzeum körút 12 ■ 06 338 42 21 ■ Aberto 18h-24h seg-sáb ■ AD ■ FFF

Perto do Museu Nacional, esse antigo café de 1855 serve delícias húngaras.

10 Babel

MAPA L4 ■ V, Piarista köz 2 ■ 0670 600 08 00 ■ Aberto 18h-24h ter-sáb ■ AD ■ FFF

Ao pé da Ponte Elizabeth, esse bistrô-delicatéssen oferece ingredientes frescos e serviço atencioso.

Veja mapa na p. 88

TOP 10 Arredores de Városliget

Endereço de algumas das construções mais belas e dos bulevares mais amplos de Budapeste, a região de Városliget (Parque da Cidade) é o local para a diversão. Tudo ali é construído em escala gloriosamente grandiosa, dos cafés e bistrôs da Liszt Ferenc tér e mansões da Andrássy út e Városliget fasor ao parque (que acomoda o exuberante Monumento do Milênio). Em 1896, Városliget foi escolhida para sediar as comemorações do Milênio – e, entre as magníficas construções erguidas especialmente para o evento, destacam-se o Museu de Belas-Artes e o Castelo Vajdahunyad.

Detalhe do Monumento do Milênio

ARREDORES DE VÁROSLIGET

1 Museu de Belas-Artes

MAPA E2 ▪ XIV, Hősök tere, Dózsa György út 41 ▪ 06 469 71 00 ▪ Fechado para reforma até 2018 ▪ AD ▪ www.szepmuveszeti.hu

O maior conjunto de arte internacional do país está exposto numa construção de 1906, projetada por Fülöp Herzog e Albert Schikendanz. Em exposição, obras de Rafael, Goya e Velázquez, além do maior acervo de El Greco fora da Espanha. Divide a coleção com a Galeria Nacional *(pp. 26-7)*.

Piscinas das Termas Széchenyi

2 Termas Széchenyi

MAPA F2 ▪ XIV, Állatkerti út 11 ▪ 06 363 32 10 ▪ Aberto mai-set: 6h-22h diariam (banhos termais e a vapor fecham às 19h) ▪ Entrada paga ▪ www.budapestspas.hu

Inaugurada em 1913, essas termas formam um grande complexo com piscinas abertas e cobertas, incluindo as mais profundas e quentes do país. Bastante disputadas no ano inteiro, é o lugar indicado para uma genuína experiência no universo das águas da Hungria.

3 Rua Andrássy

MAPAS L2, M2

Longa e ampla via que liga Városliget ao centro da cidade, a Andrássy út é o endereço mais refinado de Budapeste. Reúne restaurantes, teatros e lojas, além da Ópera *(pp. 32-3)*. No nº 22 fica o Palácio Drechsler, prédio residencial construído pela Ferrovia Húngara para seu fundo de pensão em 1883, antes de ser usado pela Academia Húngara de Balé. O local agora está vazio, mas existem planos para transformá-lo em um hotel de luxo. O Museu Casa do Terror *(p. 97)* fica na mesma rua, no nº 60. Sob a Andrássy út passa a linha de Metrô 1, a mais antiga da Hungria e a segunda mais antiga do mundo, declarada Patrimônio Mundial da Unesco em 2002.

4 Városliget fasor

MAPA E3

Calma via cercada de árvores, a Avenida Városliget fasor é uma suave oposição à comercial Andrássy út. Nela funcionam várias embaixadas e há duas igrejas de destaque: uma calvinista, na extremidade sul, e outra luterana, no trecho próximo a Városliget.

5 Praça dos Heróis

MAPA E2 ▪ Hősök tere

A Praça dos Heróis foi projetada nos anos 1890 e se tornou o foco das comemorações do Milênio da Hungria, em 1896 (para marcar os mil anos decorridos desde a conquista magiar da bacia dos Cárpatos). No centro, o Monumento ao Milênio, de 36m, é ladeado por duas colunatas. Os cavaleiros ao pé do monumento representam os sete chefes das sete tribos magiares que se estabeleceram na Hungria.

Monumento do Milênio

Pianos no Museu Franz Liszt

6 Museu Franz Liszt

MAPA D3 ■ VI, Vörösmarty utca 35 ■ 06 322 98 04 ■ Aberto 10h-18h seg-sex, 9h-17h sáb ■ Entrada paga ■ www.lisztmuseum.hu

Mais conhecido pela versão germânica do seu nome, Franz, Liszt Ferenc foi o compositor mais famoso da Hungria. De 1881 até sua morte, em 1886, o artista morou nessa casa, transformada em museu em 1986. Os móveis, pianos e manuscritos dão uma ideia da vida e obra desse criador extraordinário.

7 Castelo Vajdahunyad

MAPA F2 ■ Museu da Agricultura: 06 363 11 17; aberto abr-out: 10h-17h diariam; nov-mar: 10h-16h ter-sex, 10h-17h sáb e dom; entrada paga

No meio de Városliget ergue-se o incrível Castelo Vajdahunyad, uma combinação de estilos renascentista, gótico, barroco e românico, projetado por Ignác Alpár para as comemorações do Milênio. A ideia de Alpár era ilustrar a evolução da arquitetura húngara em uma única construção. Cada parte remete a uma edificação importante e, no todo, o local representa mais de vinte locais famosos do cenário húngaro. O Museu da Agricultura, na ala barroca, é a única parte do castelo aberta à visitação.

EXPOSIÇÃO DO MILÊNIO

Boa parte de Városliget, inclusive o monumento instalado na entrada, foi projetada para a Exposição do Milênio, realizada em 1896 para comemorar os mil anos da chegada dos Árpád na região de Budapeste. Além das construções especiais, o evento propiciou a inauguração da linha de metrô, a primeira da Europa continental, e da iluminação a gás das ruas, assim como dos diversos edifícios em estilo secessionista.

8 Műcsarnok (Kunsthalle)

MAPA E2 ■ XIV, Hősök tere ■ 06 460 70 00 ■ Aberto 10h-18h ter-dom, 12h-20h qui ■ AD ■ Entrada paga ■ www.mucsarnok.hu

Em frente ao Museu de Belas-Artes, o Műcsarnok (literalmente, "mercado de arte") ficou pronto em 1895. A imponente construção, que se destaca pela porta com seis colunas, foi projetada por Fülöp Herzog e Albert Schikendanz. Abriga exposições temporárias e concertos.

Castelo Vajdahunyad

9 Museu Casa do Terror

MAPA D3 ■ VI, Andrássy út 60 ■ 06 374 26 00 ■ Aberto 10h-18h ter-dom ■ Entrada paga ■ www.terrorhaza.hu

Esse prédio foi a sede do partido fascista húngaro Cruz Flechada antes e durante a Segunda Guerra Mundial, e da polícia secreta depois. A exposição mostra um tanque T54, utilizado na repressão à Revolução de 1956. No porão, usado como prisão em ambos os regimes, recriou-se uma cela dos anos 1940.

Museu Casa do Terror

10 Zoológico

MAPA E2 ■ XIV, Városliget, Állatkerti körút 6-12 ■ 06 273 49 00 ■ Aberto mai-ago: 9h-17h seg-qui, 9h-18h sex-dom; abr e set: 9h-16h30 seg-qui, 9h-17h sex-dom; mar e out: 9h-17h seg-qui, 9h-16h30 sex-dom ■ AD ■ Entrada paga ■ www.zoobudapest.com

Criado em 1866, o zoológico de Budapeste é considerado um dos melhores da Europa Central e destaca-se pela ampla ala dedicada aos primatas. Os ambientes dos animais imitam seus hábitats. Na área dedicada às crianças, é possível acariciar animais mansos e há apresentações duas vezes ao dia. A maioria das acomodações foi erguida entre 1909 e 1911, em estilo secessionista.

UM DIA NO PARQUE

MANHÃ

Várolisget é um ótimo destino para um passeio em família. Comece com um mergulho nas termas mais disputadas de Budapeste, **Széchenyi** *(p. 89)*, situadas no meio de Városliget e com uma estação de metrô própria, na linha 1. Com as energias repostas, leve as crianças para o **Zoológico**, ao lado, e admire tanto os animais como as construções. Você pode obter informação sobre os programas do dia na entrada. Depois de ir ao zoológico, dê uma volta ao redor do lago do parque na Kós Károly sétány. Para pratos húngaros quentes, linguiça e cerveja, visite o bar Bajor Sörsátor *(p. 92)*, localizado entre as árvores no Parque da Cidade.

TARDE

Comece a tarde no **Museu de Belas-Artes** *(p. 95)*, localizado em frente à **Praça dos Heróis**. Embora seja possível passar a tarde toda no local, tente limitar sua visita a uma hora e meia, mas não deixe de ver a *Madonna*, de Rafael, e o fabuloso acervo de obras de El Greco. A seguir, agrade as crianças com os modelos de edifícios e ferrovias do Miniversum *(p. 52)* antes de voltar para o parque para admirar a arquitetura do **Castelo Vajdahunyad**, que oferece a oportunidade de passear de bote no lago. Se você visitar o local no inverno, leve seus filhos para patinar no gelo *(p. 53)*. Finalmente, encerre seu dia com um jantar no **Robinson** *(p. 99)*, um dos restaurantes mais famosos de Budapeste.

Veja mapa na p. 94

Cafés e Bares

O elegante interior art déco do New York Café és Étterem

1 Caledonia

MAPA M1 ■ VI, Mozsár utca 9 ■ 06 311 76 11 ■ Aberto 11h-24h seg-qui, 11h-1h sex e sáb

Esse simpático pub escocês serve pratos deliciosos. Com vários telões, é um ótimo local para acompanhar eventos esportivos.

2 Mirage Café & Bar

MAPA E2 ■ VI, Dózsa György út 88 ■ 06 462 70 70 ■ Aberto 10h-22h diariam

A localização, em frente à Praça dos Heróis, atrai muita gente. Embora seja um ponto turístico, a comida e os preços são bons.

3 New York Café és Étterem

Beberique um chocolate quente ou um martini sob os querubins dessa instituição de Budapeste *(p. 59)*.

4 Menza

MAPA M2 ■ VI, Liszt Ferenc tér 2 ■ 06 413 14 82 ■ Aberto 10h-24h diariam

Restaurante e café com visual retrô e um moderno toque magiar no ambiente de cantina.

5 Café Vian

Cafés, coquetéis, massas e saladas garantem o sucesso da casa. Aprecie a vista no terraço desse café que está sempre cheio *(p. 57)*.

6 Sugar Shop

MAPA M2 ■ Paulay Ede utca 48 ■ 06 321 66 72 ■ Aberto 10h-22h diariam

Entregue-se aos irresistíveis doces coloridos dessa confeitaria, entre eles o **tejberizs** (pudim de arroz de leite), que faz muito sucesso.

7 Ferdinand Monarchy Czech Beerhouse

MAPA D2 ■ Szív út 30 ■ 06 312 20 77 ■ Aberto 12h-23h diariam

Reminiscência de Praga, serve cervejas da República Tcheca.

8 Hello Baby

MAPA D3 ■ VI, Andrássy út 52 ■ 06 776 07 67 ■ Aberto 22h-5h sex e sáb

Esse clube atrai um público mais velho e menos turístico que os demais lugares da área. Tem duas pistas de dança e boa música.

9 Városligeti Sörsátor

MAPA F2 ■ XIV, Kós Károly sétány ■ 0670 599 36 25 ■ Aberto 11h-22h diariam

Casa especializada em cerveja húngara e respeitada pela seriedade. Também serve vinho diretamente dos barris.

10 Két Szerecsen

MAPA D3 ■ Nagymező utca 14 ■ 06 343 19 84 ■ Aberto diariam

Esse bistrô tem comida e café excelentes e boa carta de vinhos.

Restaurantes

CATEGORIAS DE PREÇO
Refeição para uma pessoa com três pratos (ou equivalente) e meia garrafa de vinho, impostos e serviço.

F até Ft5.000 **FF** Ft5.000-10.000
FFF acima de Ft10.000

1 Gundel
MAPA E2 ■ Gundel Károly út 4 ■ 06 889 81 11 ■ Aberto 12h-24h ■ AD ■ www.gundel.hu ■ FFF

Talvez o restaurante mais famoso da Hungria (e também um dos mais caros). Culinária tradicional e criativa.

2 Haxen Király
MAPA D3 ■ VI, Király utca 100 ■ 06 351 67 93 ■ Aberto 12h-24h diariam ■ FFF

Casa famosa pelas linguiças com sauerkraut. Músicos com trajes típicos tocam acordeão.

3 The Big Fish
MAPA D3 ■ VI, Andrássy út 44 ■ 06 269 06 93 ■ Aberto 12h-22h diariam ■ FFF

Escolha entre as diversas opções de frutos do mar e peça que eles sejam preparados a seu gosto.

Balcão de frutos do mar do Big Fish

4 Seasons Bistro
MAPA M2 ■ VI, Liszt Ferenc tér 7 ■ 06 709 24 68 ■ Aberto 11h-24h diariam ■ FF

Esse restaurante é conhecido pelos bifes preparados de modo especial. Ampla seleção de vinhos e cervejas.

5 Bagolyvár
MAPA E2 ■ XIV, Gundel Károly út 2 ■ 06 468 31 10 ■ Aberto 12h-23h diariam ■ FF

Restaurante familiar, serve pratos húngaros tradicionais no ambiente íntimo de uma casa.

6 Maharaja
MAPA D3 ■ VII, Csengery utca 24 ■ 06 351 12 89 ■ Aberto 12h-23h diariam ■ AD ■ FF

O Maharaja, de gestão familiar, serve autênticos curries sutilmente temperados e deliciosos.

7 Trattoria Gusto
MAPA M2 ■ VI, Lizst Ferenc tér 11 ■ 06 321 84 25 ■ Aberto 12h-24h diariam ■ FF

Pizzas assadas em forno de barro e outros pratos italianos, em uma sala de jantar de pé-direito alto.

8 Arriba Taqueria
MAPA D3 ■ VI, Teréz körút 25 ■ 06 374 00 57 ■ Aberto 11h-22h diariam (até 23h sex e sáb) ■ F

Embora seja essencialmente um fast-food com serviço no balcão, é o melhor Tex-Mex de Budapeste.

9 Robinson
MAPA E2 ■ XIV, Városligeti-tó (Lago do Parque da Cidade) ■ 06 422 02 22 ■ Aberto diariam ■ AD ■ FF

Situado numa ilha, serve frutos do mar em ambiente descontraído.

10 Parázs Presszo Thai Restaurant
MAPA D3 ■ Jókai utca 8 ■ 06 950 37 70 ■ Aberto 12h-24h diariam ■ FF

Pequeno restaurante perfeito para os amantes da autêntica comida thai.

Veja mapa na p. 94

TOP 10 Grande Budapeste

O centro da cidade oferece encantos capazes de entreter o visitante por semanas, mas os arredores de Budapeste se ampliaram (chegam até as planícies da Panônia) e incorporaram algumas atrações extraordinárias. Quem vem a essa parte pode visitar as ruínas da antiga cidade romana de Aquincum, hoje cercada por uma linha de trem e por uma estrada, e conhecer a guarnição romana de Óbuda, a sudoeste. As colinas de Buda, que no passado ficavam longe da cidade, acomodam mansões e prédios residenciais, enquanto as impressionantes cavernas de Pál-völgy e Szemlő-hegy fazem parte do cenário urbano.

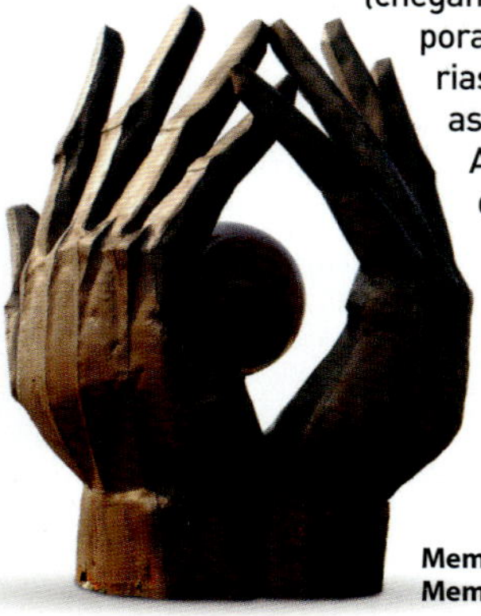

Memorial ao Movimento dos Trabalhadores, Memento Park

GRANDE BUDAPESTE

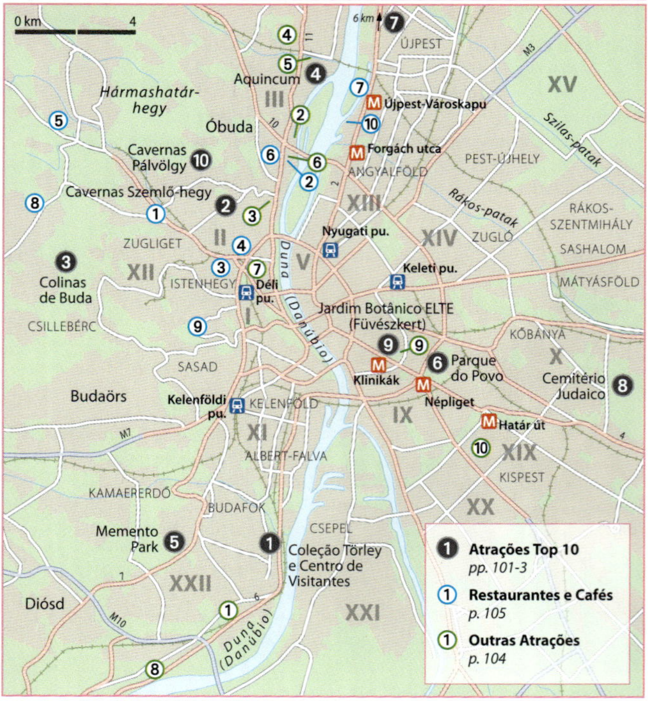

1 Coleção Törley e Centro de Visitantes

MAPA P3 ■ XXII, Anna utca 5-7

Amplamente conhecido como o pai da indústria vinícola húngara, József Törley estudou a arte de fazer vinhos em Reims, capital da Champagne, na França. Regressou à Hungria nos anos 1880 e começou a produzir um ótimo vinho frisante em Budafok, subúrbio de Budapeste. A Coleção Törley mostra a longa e tumultuosa história dos vinhos frisantes Törley. Com claras influências otomanas, a arquitetura é também um grande destaque do centro.

Exposição na Coleção Törley

2 Cavernas Szemlő-hegy

MAPA N1 ■ II, Pusztaszeri út 35 ■ 06 325 60 01 ■ Aberto 10h-16h qua-seg ■ Entrada paga

Tão famosas quanto as termas da capital húngara são as cavernas. Ao norte do centro erguem-se as colinas Pilis, que ocultam um fabuloso sistema subterrâneo. As cavernas Szemlő-hegy são as mais próximas de Budapeste e pode-se chegar a elas com o ônibus nº 11, que liga a Batthyány tér à Pusztaszeri út (depois é preciso andar cerca de 1,5km). O visitante encontra lindas formações naturais chamadas de "pérolas", que parecem cachos de uva surgidos na rocha, na verdade produto da ação da água quente sobre o calcário. Acredita-se que o ar da caverna favoreça a cura de infecções respiratórias.

3 Colinas de Buda

MAPA N1

As verdejantes colinas de Buda, a oeste da cidade, constituem um calmo destino *(p. 103)*. Para chegar, a melhor opção é a Ferrovia da Roda Dentada *(p. 52)*, que parte de Városmajor. No alto, uma curta caminhada leva até a imensa torre de TV. A Ferrovia das Crianças *(p. 52)* começa na base da torre e percorre as encostas das colinas de Buda, até chegar ao vale de Hűvös. No trajeto fica a Torre de Observação Erzsébet, com um teleférico que leva os visitantes de volta a Buda. Construído em 1910 por Frigyes Schulek, ninguém sabe qual era a finalidade do teleférico.

4 Aquincum

MAPA P1 ■ III, Szentendrei út 139 ■ 06 250 16 50, 06 454 04 38 ■ Aberto: abr-out: 10h-18h ter-dom; mai-set: 10h-18h ter-dom (ruínas a partir das 9h); nov-mar: 10h-16h ter-dom (ruínas somente com clima favorável) ■ AD ■ Entrada paga

Capital da província romana da Panônia, durante séculos Aquincum foi a maior cidade da Europa Central. Descoberta no século XIX, é uma das atrações mais visitadas da cidade. É fácil identificar o traçado das ruas e das construções. O museu, situado no lapidário neoclássico, reúne objetos romanos encontrados no local, além de maquetes que mostram a antiga configuração do povoado.

Ruínas da antiga Aquincum

Escultura no Memento Park

5 Memento Park

MAPA N3 ■ XXII, Balatoni út ■ 06 424 75 00 ■ Aberto 10h-pôr do sol diariam ■ Entrada paga ■ www.mementopark.hu

O terreno do Memento Park reúne mais de 40 exemplares de estátuas e placas da era comunista (algumas bem altas) que antes ocupavam espaços públicos de Budapeste. Estão aí Marx, Engels, Lênin, o pedestal de Stálin e uma cópia em tamanho real de suas botas: foi o que sobrou quando a estátua de Stálin foi destruída, na Revolução de 1956. Há também um Trabant – conhecido como o "carro do povo" –, enquanto telas multimídia, num prédio em estilo de caserna, mostram os ardilosos métodos que a AVH, a polícia secreta húngara, utilizava para espiar o próprio povo. Todos os dias às 11h, da Praça Déak, saem ônibus para o parque.

6 Parque do Povo

MAPA P2 ■ VIII, Népliget

Maior parque da cidade, o Népliget foi projetado na década de 1860 e abrange 112ha, com extensas áreas de vegetação, canteiros e playgrounds, além do Planetário *(p. 53)*. O parque abrigou a primeira corrida de carros na Hungria, e em 1936 chegou a sediar um Grande Prêmio, vencido por Tazio Nuvolari. Depois de 1972, a pista entrou em desuso e, quando o país decidiu integrar a Fórmula 1, nos anos de 1980, foi construído um novo circuito, o Hungaroring, fora da cidade.

7 Aquaworld

MAPA D3 ■ IV, Ives út 16 ■ 06 231 37 60 ■ Aberto 6h-22h diariam ■ AD ■ Entrada paga ■ www.aquaworldresort.hu

Enorme parque aquático com piscinas, máquinas de ondas, tobogãs, praias artificiais, saunas e playgrounds, o Aquaworld é um ótimo programa familiar. Alguns tobogãs têm quatro ou cinco andares e quase 1km de comprimento. Parte do parque está coberta, mas existem atrações externas, e certos tobogãs têm restrições de altura mínima.

8 Cemitério Judaico

MAPA Q2 ■ XVII, Kozma utca ■ Aberto 8h-15h dom-sex (no verão até 16h)

Aberto em 1893 e repleto de túmulos elaborados, esse cemitério comprova a riqueza e o poder da comunidade judaica da cidade antes da Segunda Guerra. Alguns túmulos exibem assinaturas de arquitetos famosos, como Ödön Lechner e Gyula Fodor.

EQUIPE DE OURO

Pode parecer exagero, mas a Hungria já contou com o time de futebol mais temido do mundo. O lendário jogador Ferenc Puskás foi o responsável por três das cinco vitórias do Real Madrid na Copa Europa. Em novembro de 1953, os húngaros derrotaram a Inglaterra por 6 a 3 no estádio de Wembley **(abaixo)**. A imprensa local definiu o grupo como "magiares maravilhosos" e deu a Puskás o apelido de "major galopante", já que o jogador era oficial do Exército.

9 Jardim Botânico ELTE (Füvészkert)

MAPA F6 ■ VIII, Illés utca 25 ■ Aberto nov-mar: 9h-16h diariam; abr-out: 10h-17h diariam ■ Entrada paga

Com uma área de mais de 3ha a leste de Budapeste, o Jardim Botânico ELTE oferece um oásis de serenidade. Parte da Universidade ELTE, foi originalmente projetado pela família Festetics, que vivia na mansão neoclássica transformada em sede da administração. Um dos destaques são as palmeiras.

Visitantes nas cavernas Pál-völgy

10 Cavernas Pál-völgy

MAPA N1 ■ II, Szépvölgyi út 162 ■ 06 325 95 05 ■ Aberto 10h-16h ter-dom ■ Entrada paga ■ Proibido para crianças menores de 5 anos

Uma cabana aos pés de um rochedo íngreme marca a entrada das cavernas Pál-völgy. Além das "pérolas" comuns na Szemlő-hegy, Pál-völgy destaca-se pelas formações que lembram animais. Embora muitas das cavernas sejam acessíveis e possam ser visitadas por meio de escadas e galerias, algumas das maiores atrações só são acessíveis em visitas guiadas. Vale lembrar que, dentro das cavernas, faz frio.

UM DIA NAS COLINAS DE BUDA

MANHÃ

Comece o dia pegando o ônibus nº 291, que parte da Nyugati Pu até o ponto final, aos pés do Libegő (teleférico), ótima alternativa para chegar ao topo da **colina János**. Você estará perto da **Ferrovia das Crianças** *(p. 52)*, magnífica relíquia do passado comunista do país. No trajeto do trem pelas encostas, desça e siga a pé até o alto da impressionante **Torre de Observação Erzsébet** *(p. 101)* e aprecie a linda vista da cidade. Se sua visita for no verão, pegue a locomotiva que parte a cada hora. Desça na **Estação Szépjuhászné** e faça uma pausa para almoçar no café instalado na própria estação.

TARDE

Siga a sinalizada trilha até o **Parque Natural Budakeszi** (0623 45 17 83; www.vadaspark-budakeszi.hu). Com uma área de 327ha, a reserva abriga diversas espécies de animais, como javalis (que podem ser vistos com frequência na região) e grupos de lobos. Uma área dedica-se em especial às plantas. Faça o passeio a pé que permite conhecer as melhores partes e se aventure com escaladas no parque. O restaurante do parque é um bom lugar para jantar, com porções generosas de comida e vinhos húngaros tradicionais. Quase todas as noites, há apresentações ao vivo de música e dança típicas húngaras após as 18h. Caso a Ferrovia das Crianças esteja fechada ao término de sua refeição (o que é bem provável), pegue o ônibus nº 22 e vá direto à Széll Kálmán tér. De lá pegue o metrô de volta ao centro da cidade.

Veja mapa na p. 100

Outras Atrações

1 Tropicarium-Oceanarium

MAPA N3 ■ XXII, Nagytétényí út 37-45 ■ 06 424 30 53 ■ Aberto 10h-20h diariam ■ Entrada paga ■ www.tropicarium.hu

Para olhar um tubarão de frente ou acariciar cobras, visite esse aquário e reduto de animais.

Exposição no Museu Kassák

2 Museu Kassák

MAPA P1 ■ III, Fő tér 1 ■ 06 368 70 21 ■ Aberto 10h-17h qua-dom ■ Entrada paga

Instalado no Palácio Zichy, exibe obras do artista de vanguarda Lajos Kassák.

3 Anfiteatro de Óbuda

MAPA N1 ■ III, Bécsi út

Erguido por volta de 140-150 d.C., esse anfiteatro militar é o maior dos dois anfiteatros romanos de Budapeste e ainda exibe as entradas em forma de arco e os túneis usados para a passagem das feras.

4 Anfiteatro de Aquincum

MAPA P1 ■ III, Szentendrei út

Com capacidade para 10 mil espectadores, esse anfiteatro civil fica entre a ferrovia HÉV e uma estrada. Foi construído por volta de 250-300 d.C. *(p. 101)*.

5 Aqueduto

MAPA P1 ■ III, Szentendrei út

Esse trecho restaurado do duto que no século II levava água de Óbuda a Aquincum fica a leste de Szentendrei út. Há tráfego dos dois lados, tome cuidado.

6 Museu Húngaro de Comércio e Turismo

MAPA P1 ■ III, Korona tér 1 ■ 06 375 62 49 ■ Aberto 10h-18h ter-sáb ■ Entrada paga

Explore a história da culinária húngara e prepare pratos tradicionais.

7 Museu do Hospital da Rocha e Bunker Nuclear

MAPA N2 ■ I, Lovas út 4/c ■ 0670 701 01 01 ■ Aberto 10h-20h diariam ■ Entrada paga

Bonecos de cera ilustram a história das cavernas sob o Castelo de Buda, um hospital e abrigo da Segunda Guerra que se tornou bunker em 1962.

8 Palácio Nagytétény

MAPA N3 ■ XXII, Kastélypark utca 9-11 ■ 06 207 00 55 ■ Horários variam ■ Entrada paga

Ideal para apreciar mobiliário clássico, exposto em um dos mais belos palácios barrocos.

9 Academia Ludovika

MAPA P2 ■ X, Ludovika tér 2-6 ■ 06 210 10 85 ■ Aberto 10h-17h qua-dom ■ AD ■ Entrada paga ■ www.nhmus.hu

Parte dessa antiga academia militar acomoda o Museu de História Natural.

10 Wekerletelep

MAPA P2 ■ XIX, Kós Károly tér

Pioneiro jardim público centro-europeu, inspirado nos vilarejos saxões da Transilvânia. Disputado local para morar.

Casa no Wekerletelep

Restaurantes e Cafés

CATEGORIAS DE PREÇO
Refeição para uma pessoa com três pratos (ou equivalente) e meia garrafa de vinho, impostos e serviço.

F até Ft5.000 **FF** Ft5.000-10.000
FFF acima de Ft10.000

1 Remiz
MAPA N1 ■ II, Budakeszi út 5 ■ 06 275 13 96 ■ Aberto 12h-23h diariam ■ FFF
Boa comida, vinhos húngaros e a melhor costela de Budapeste. O jardim é ideal para jantar ao ar livre durante o verão.

2 Kéhli
MAPA P1 ■ III, Mókus utca 22 ■ 06 250 42 41 ■ Aberto diariam ■ AD ■ FF
Fundado em 1899, o Kéhli serve boa comida tradicional húngara, com música folclórica ao vivo à noite.

3 Fióka
MAPA N2 ■ XII, Városmajor utca 75 ■ 06 425 55 55 ■ Aberto 11h-24h diariam ■ FF
Esse gastropub instalado em uma antiga agência de correio destaca a carne de caça e os bons vinhos.

4 Kispéntek
MAPA A3 ■ II, Retek utca 12 ■ 0630 384 22 40 ■ Aberto 11h30-22h seg-sáb ■ FF
Um cardápio eclético oferece desde massas chinesas até saladas americanas, tudo bem preparado.

5 Náncsi Néni
MAPA N1 ■ II, Ördögárok út 80 ■ 06 397 27 42 ■ Aberto diariam ■ AD ■ F
Especializado em pratos tradicionais, usa somente ingredientes frescos.

6 Zöld Kapu Vendéglő
MAPA P1 ■ III, Szőlő utca 42 ■ Aberto 10h-22h diariam ■ FF
Esse restaurante húngaro tradicional tem um charmoso jardim. Serve fartas porções de comida reconfortante no coração de Óbuda.

7 Központ Bisztró
MAPA P1 ■ IV, Szent István tér 1 ■ 0620 374 97 85 ■ Aberto 8h-22h seg-sáb, 10h-22h dom ■ F
Popular graças aos hambúrgueres e os pratos internacionais. Perto da estação de metrô Újpest-Központ.

Interior do Budai Gesztenyés

8 Budai Gesztenyés
MAPA N2 ■ Budakeszi, Szanatórium utca 2 ■ 0623 45 05 34 ■ Aberto 11h-23h diariam ■ FF
Comida europeia moderna com toque húngaro. Há poucas opções de pratos. Dada a alta qualidade, os preços são bem em conta.

9 Jardinette
MAPA N2 ■ XII, Németvölgyi út 136 ■ 06 248 16 52 ■ Aberto ter-dom ■ AD ■ FF
Refinada comida francesa, em um bonito jardim. Adega magnífica.

10 Eat & Meet
MAPA P1 ■ XIII, Danubius utca 14 ■ 06 517 51 80 ■ Aberto 18h30-23h sáb e dom ■ FF
Jantar em companhia de uma família local, em seu apartamento com vista para o Danúbio. A comida é autenticamente húngara.

Veja mapa na p. 100

Dicas de Viagem

Pitorescos edifícios no distrito da
Colina do Castelo, em Buda

Como Chegar e Circular em Budapeste

Chegar por Via Aérea

A Hungria não tem uma companhia aérea nacional há muito tempo, mas mais de 40 companhias internacionais levam passageiros ao único aeroporto de Budapeste, **Liszt Ferenc**. Os voos a partir de Londres demoram 2 horas, os de Nova York, 9 horas. Não há voos diretos a partir do Brasil.

Os terminais do aeroporto têm um amplo comércio varejista, restaurantes e outros serviços. Há casas de câmbio e empresas de aluguel de carros: **Avis**, **Europcar**, **Hertz** e **Sixt**.

O Aeroporto Internacional Liszt Ferenc se situa 16km a sudoeste do centro da cidade.

O minibus de traslado do aeroporto **(miniBUD)** leva você até o centro da cidade por Ft3.900, mas sai apenas quando lotado.

Os táxis do aeroporto levam você para qualquer destino na cidade por um valor fixo de cerca de Ft6.500, pago de antemão. Há também um ônibus público, identificado pelo letreiro 200E Reptér Busz, que leva à estação de metrô Kőbánya-Kispest, de onde sai a Linha M3 do metrô para o centro da cidade.

Chegar de Trem

Budapeste tem conexão ferroviária com mais de 25 outras capitais e possui uma eficiente rede ferroviária interna. Há três estações – uma em Buda, duas em Peste –, conectadas ao metrô.

Keleti é a maior estação ferroviária da Hungria. Atende a região leste do país e boa parte dos destinos internacionais. A estação fica 3km a leste do centro da cidade, nas linhas de metrô M2 e M4.

A estação mais próxima do centro é Nyugati, que atende apenas o interior da Hungria. A Linha M3 do metrô para no local. A Estação Kelenföld, na Linha M4, atende o lago Balaton e o oeste do país.

Chegar por Estrada

Todos os ônibus internacionais chegam à Rodoviária Népliget, na zona sul de Peste, perto da estação de metrô Népliget, na Linha M3. Budapeste fica a 250km de Viena e a Rodovia M1 leva às portas da cidade em apenas 3 horas. Desde que a Hungria passou a integrar o grupo de nações do Acordo de Schengen, ficou mais fácil conduzir carros e há poucos controles de passaporte – se é que existe algum – nas fronteiras com Áustria, Eslovênia e Eslováquia, e simples controles de rotina nas divisas com Romênia e Croácia. Contudo, o controle é demorado na fronteira com Sérvia e Ucrânia.

Chegar de Navio

Chegar a Budapeste de navio é certamente a maneira mais elegante de entrar na cidade. Durante o verão, existem serviços de hidrofólios, vindos de Viena e Bratislava, que chegam à Vigadó tér *(p. 48)*. A viagem de Viena até Budapeste dura menos de 3 horas.

Andar de Metrô

Budapeste tem o mais antigo sistema de metrô da Europa continental. A Linha M1, com pequenas estações e trens de três vagões, foi inaugurada em 1896 e é uma atração turística em si. Há quatro linhas de metrô ao todo, que cobrem a maior parte de Peste, mas pouco de Buda. As linhas M2 e M4 vão de leste a oeste; a Linha M3, de norte a sul, liga Kőbánya-Kispest ao aeroporto. Os trens de todas as linhas funcionam das 4h30 às 23h10.

Além do metrô, Budapeste tem cinco linhas HÉV, que levam aos subúrbios. São úteis para passeios fora da cidade, como Szentendre, Aquincum, Gödöllő, Hungaroring e Ráckeve.

Passear de Ônibus

Não faltam ônibus em Budapeste, e são uma ótima opção no centro da cidade, funcionando dia e noite. Em geral, três ou quatro linhas de ônibus passam pelas principais artérias da cidade. As informações sobre o destino e o itinerário estão claramente indicadas em cada ponto de ônibus.

Passear de Bonde

Budapeste tem uma extensa rede de bondes, com mais de 30 linhas, muitas atravessando o rio e ligando as duas partes da cidade. No entanto, inúmeros bondes e ônibus não têm acesso para cadeiras de rodas.

Bilhetes para Transportes Públicos

O bilhete unitário custa Ft350 e é válido em todas as linhas de metrô, ônibus e bonde, e no HÉV dentro dos limites da cidade. Os bilhetes podem ser comprados no aeroporto, nas estações de trem e de metrô, em bancas de jornal perto dos principais pontos de ônibus ou em máquinas localizadas nas maiores estações de transporte. O bilhete unitário pode ser comprado direto com o motorista de ônibus por Ft450. Os bilhetes devem ser validados na entrada do metrô e dentro dos ônibus e bondes. Se você fizer baldeação no metrô ou mudar de ônibus ou bonde, é preciso validar novo bilhete. Existem talões de dez bilhetes por Ft3.000, mas a melhor opção para os visitantes é comprar o passe válido por 24 horas, que custa Ft1.650, ou então o Cartão Budapeste válido por 48 ou por 72 horas, que oferece transporte de graça e descontos em várias atrações da cidade.

Passear a Pé

Talvez a melhor maneira de conhecer Budapeste seja a pé. Muitas áreas centrais são só para pedestres, a exemplo da Váci utca e do Bairro do Castelo. As margens do Danúbio são ótimas para passear e recompensam o pedestre com lindas vistas.

Passear de Táxi

Várias companhias de táxi operam na cidade. Todos os táxis licenciados são amarelos e obrigados a usar a mesma tarifa, calculada principalmente a partir da distância. Embora seja possível pegar táxis na rua ou em pontos, é mais recomendável chamá-los por telefone ou por aplicativos de celular.

Passear de Carro

É a maneira menos prática de conhecer Budapeste. Há poucos lugares para estacionar (quase nenhum no centro da cidade), o trânsito é terrível e o labirinto de ruas de mão única pode levar o motorista iniciante a se perder. O limite de velocidade em áreas urbanas é de 50km/h e é proibido dirigir após consumir álcool. As multas são altas.

Passear de Barco

Algumas empresas de barcos fluviais prestam serviços ao longo do Danúbio, durante o verão. A maioria dos barcos faz parada em todos os embarcadouros da cidade, em ambas as margens do rio, e também na Ilha Margarida. A Vigadó tér funciona como terminal principal.

INFORMAÇÕES

AEROPORTO

Aeroporto Internacional Liszt Ferenc
06 296 96 96; 06 296 70 00
bud.hu

miniBUD
06 550 00 00
minibud.hu

TRENS

MÁV (Ferrovia Húngara)
06 444 44 99 (24 horas)
mav-start.hu

ÔNIBUS

Reservas
06 382 08 88; 06 219 80 86
volanbusz.hu

TRANSPORTE PÚBLICO
bkk.hu/en

ALUGUEL DE CARROS

Avis
06 318 42 40
avis.com

Europcar
06 204 29 94
europcar.com

Hertz
06 296 09 99
hertz.hu

Sixt
06 451 42 27
sixt.com

SERVIÇO DE BARCOS

Mahart Passnave
06 484 40 00
mahartpassnave.hu

TÁXIS

Budapest Taxi
06 777 77 77

Citytaxi
06 211 11 11

Green Taxi
06 400 00 00

PASSEIOS DE BARCO

Legenda River Cruises
06 317 22 03
legenda.hu

RiverRide
06 332 25 55
riverride.com

Informações Práticas

Passaporte e Visto

Os cidadãos da União Europeia (UE) e do Espaço Econômico Europeu (EEE) podem entrar na Hungria sem visto e permanecer quanto quiserem, mas devem se registrar como residentes junto às autoridades locais se ficarem mais de 90 dias. Os cidadãos brasileiros, bem como os cidadãos de países membros do Acordo de Schengen, podem entrar sem visto e permanecer por até 90 dias. Os cidadãos dos demais países devem verificar as condições de entrada junto ao consulado húngaro antes de viajar; o visto não é emitido no aeroporto de Budapeste (nem nas fronteiras), e os viajantes sem a documentação exigida não poderão entrar no país.

Alfândega e Imigração

Além dos pertences pessoais, quem chega de fora da UE pode trazer os seguintes itens: 40 cigarros, 4 litros de vinho, 1 litro de álcool destilado e presentes até €300. Não há limite para a importação de bens dos países da UE.

Viagem Segura

Os visitantes brasileiros podem obter informações atualizadas sobre o país de destino na página do **Portal Consular**, no site do **Ministério das Relações Exteriores** do Brasil.

Seguro-Viagem

É aconselhável contratar seguro contra roubos, perdas, acidentes, doenças, atrasos e cancelamentos de viagens. A Hungria tem acordos de assistência médica recíproca com outros países da UE, e os cidadãos da UE recebem atendimento emergencial no sistema público de saúde se apresentarem um Cartão Europeu de Seguro-Doença (CESD) válido. As consultas devem ser pagas antes. Os visitantes não europeus devem verificar se o país de origem tem acordo de reciprocidade.

Emergências

Se solicitar serviços de emergência, fale pausadamente já que os atendentes costumam falar várias línguas. Poucos policiais falam inglês, mas ajudam os turistas de bom grado. A palavra "polícia" em húngaro é *rendörség*. Embora os controles de identidade sejam raros, é obrigatório andar com documento de identidade o tempo todo. Serve uma fotocópia do passaporte.

Saúde

Não há vacinas exigidas para a Hungria, e em geral as farmácias abrem todo dia. Em húngaro, farmácia é *patika* ou *gyógyszertár*, ou ainda *apotheke* (em alemão). As farmácias 24 horas perto do centro são a Déli Gyógyszertár, em frente à Estação Déli, em Buda, e Teréz Patika, perto da estação de metrô Oktogon, em Peste.

Os hospitais da cidade são ótimos, embora os médicos e as enfermeiras sejam mal pagos. Dê uma gorjeta se recorrer a eles. Os estrangeiros recebem serviços emergenciais de graça, mas a ambulância pode ser cobrada.

Os tratamentos odontológicos são bons e baratos, e atraem cada vez mais visitantes. Em caso de emergência, chame **SOS Dental Services**, de segunda a sábado.

A água da torneira é potável na Hungria.

Segurança Pessoal

Budapeste é uma cidade muito segura e não exige precauções especiais. Evite carregar grande quantidade de dinheiro em público, não use táxis não licenciados e evite falar com mulheres estranhas na Váci utca.

Se há poucos crimes violentos, os pequenos delitos são um problema. As mochilas são o alvo favorito dos batedores de carteira que operam nos ônibus que passam pela Estação Keleti.

Portadores de Deficiência

Budapeste é bem equipada para receber visitantes com mobilidade reduzida. Quase todas as ruas e calçadas são rebaixadas nas esquinas para as cadeiras de rodas. Muitos ônibus são acessíveis para deficientes, com entradas que podem ser ajustadas ao nível da calçada. Muitas estações de metrô já foram adaptadas, mas a maioria dos bondes ainda não, a porta de entrada é alta.

A **Associação Nacional Húngara para Deficientes** fornece informações sobre os serviços de transporte, além de sugestões e assistência pessoal.

Moeda e Bancos

A moeda húngara é o forint (Ft). As moedas em circulação são Ft5, Ft10, Ft20, Ft50, Ft100 e Ft200. As cédulas são Ft500, Ft1.000, Ft2.000, Ft5.000, Ft10.000 e Ft20.000. Pode ser difícil usar as cédulas de Ft10.000 e Ft20.000, especialmente em lojas pequenas; aconselha-se a levar dinheiro trocado.

As moedas estrangeiras podem ser trocadas em bancos, mas as taxas costumam ser piores, e os horários, limitados. As agências de câmbio têm taxas melhores, mas algumas embutem custos que podem encarecê-las. Verifique sempre as taxas praticadas.

A melhor maneira, e a mais segura, de obter moeda local é utilizar o cartão de crédito ou débito nos caixas eletrônicos. Mesmo que o banco que emitiu o cartão cobre uma pequena taxa a cada transação, ainda assim a taxa de câmbio é mais próxima do valor praticado no mercado internacional. Os cartões de crédito MasterCard e Visa são aceitos em quase todo lugar, o que não ocorre com o Diners Club e o American Express.

Comunicações

A Hungria tem uma das mais rápidas velocidades médias de internet do mundo. Os visitantes de Budapeste encontram, em geral, conexões mais velozes do que as que têm em casa. A cobertura Wi-Fi da cidade é boa e quase todos os cafés, bares, restaurantes e hotéis fornecem internet de graça. Até o aeroporto de Budapeste tem Wi-Fi gratuito por 2 horas.

Para usar o celular na Hungria, ele deve ser equipado com frequência de rede GSM de 900/1800 MHz, frequência UMTS/3G de 2100 MHz e frequência LTE/4G de 800/1800/2600 MHz.

Quem usar operadoras da UE pode utilizar o telefone sem cobrança de roaming. Aconselha-se aos demais visitantes comprar um cartão SIM local para se beneficiar do custo da ligação local. Verifique junto à sua operadora se seu aparelho está desbloqueado para usar outro cartão SIM. As três principais operadoras húngaras são Vodafone, Telenor e Telekom, com cartões SIM pré-pagos à venda em bancas de jornal e lojas de telefonia.

O correio húngaro é rápido, eficiente e confiável. As agências da Magyar Posta, o correio nacional, abrem das 7h às 18h. Os selos estão à venda nos correios e em bancas de jornal. O custo de uma carta-padrão de até 20g ou cartão-postal é Ft340 para a UE, Ft395 para outros destinos. Muitas agências de correio têm serviço de posta-restante.

INFORMAÇÕES

VISTO

W konzuliszolgalat.kormany.hu/en

SERVIÇO CONSULAR

Embaixada do Brasil em Budapeste
T 36 (1) 351-0060/62
Szabadság tér 7, Bank Center, Torre Platina I, 6º andar, 1054

VIAGEM SEGURA

Brasil
Portal Consular do Ministério das Relações Exteriores
W portalconsular.itamaraty.gov.br
W portalconsular.itamaraty.gov.br/seu-destino/hungria

EMERGÊNCIAS

T 112

Ambulâncias
T 104

Bombeiros
T 105

Polícia
T 107

AJUDA MÉDICA

Főnix S.O.S. Rt. serviço médico
T 06 200 01 00

SOS Dental Services
MAPA D4 ■ VI, Király utca 14 (8h-20h seg--sáb) T 06 269 60 10

PORTADORES DE DEFICIÊNCIA

Associação Nacional Húngara para Deficientes
San Marco utca 76
T 06 250 90 13
W meosz.hu

BANCO

Banco Nacional da Hungria
MAPA C3 ■ 1054 Szabadság tér 8/9
T 06 428 26 00

Televisão e Rádio

A emissora estatal, Magyar Televízió, opera os canais M1 e M2; o primeiro tem noticiários em língua estrangeira. Os demais canais de televisão só têm programas em húngaro, e os filmes costumam ser dublados. No entanto, grande parte dos hotéis tem TV via satélite ou a cabo, com pacotes que incluem muitos canais internacionais, como CNN, BBC, ZDF, RTL e EuroNews. A Music FM é a rádio mais popular da Hungria e toca músicas locais, além de pop internacional. Em Budapeste, pode ser sintonizada em 89,5 FM.

Revistas e Jornais

A menos que você saiba ler húngaro, sua escolha se limita às notícias do dia anterior, já que os jornais internacionais chegam com um dia de atraso – *The Guardian* é uma exceção. O ***Budapest Times*** tem site em inglês. Os jornais internacionais são vendidos nas bancas, mas a melhor variedade pode ser encontrada na **World Press House**.

O *Blikk* é o tabloide diário de maior venda, e o *Népszabadság*, o maior jornal de notícias.

Horários

Os bancos costumam ficar abertos das 9h às 16h, de segunda a sexta, mas os horários podem variar muito. As lojas abrem sem pausa de segunda a sábado (em geral, das 10h às 20h), e os shopping centers ficam abertos até as 22h. Muitas lojas, em geral as maiores, abrem aos domingos, mas podem fechar mais cedo que nos outros dias. Há muitos minimercados e alguns supermercados de produtos básicos abertos 24 horas na cidade.

Em sua maioria, os museus e as outras atrações principais da cidade abrem todos os dias, embora alguns fechem às segundas-feiras.

Fuso Horário

Budapeste segue o Horário da Europa Central, assim como a maior parte da Europa Ocidental. Está duas horas adiante do Tempo Médio de Greenwich (GMT) no verão e uma hora no inverno.

Aparelhos Elétricos

A voltagem em Budapeste é 220 volts. Muitos aparelhos elétricos, como secadores de cabelo, têm transformador 110/220V incorporado, evitando que seja preciso fazer a conversão manualmente. Traga adaptadores europeus com tomadas de dois pinos.

Quando Viajar

O clima de Budapeste é feito de extremos. O verão pode ser muito quente, com temperaturas acima de 30°C em julho e agosto, enquanto o inverno costuma ser bem frio, às vezes com neve. A primavera é úmida: maio e junho são meses muito chuvosos. O final do verão e o outono talvez sejam as melhores épocas para visitar a cidade.

Fontes de Informação

O Escritório do Turismo de Budapeste mantém vários centros **Tourinform** na cidade. O escritório principal fica na Deák tér, e existem outros na Liszt Ferenc tér, no Castelo de Buda e no aeroporto. Ali são organizadas visitas e se oferecem mapas e informações gerais. A melhor revista informativa é a ***Funzine Budapest***, mensal e gratuita, publicada em inglês, que oferece uma boa visão geral do que está acontecendo na cidade. Os exemplares são distribuídos nos hotéis. O site inclui informações em inglês. Procure também os mapas de passeios a pé: são práticos, informativos e ajudam a explorar as maiores atrações da cidade em passeios de 2 ou 3 horas. São atualizados todo mês e distribuídos de graça na maior parte dos hotéis.

Excursões e Passeios

O **Citytour** propõe dois passeios em Budapeste, com subidas e descidas em qualquer parada: a Linha Vermelha (que sai de József nádor tér) e a Linha Amarela (da Erzsébet tér). Ambos saem a cada 30 minutos e se dirigem para o Bairro do Castelo e o centro de Peste, com rotas diferentes. A Linha Vermelha visita a Praça dos Heróis e o Parque Városliget, e a Amarela vai até a Ilha Margarida e Gellért hegy. O passeio completo de ambas as linhas leva 2 horas. Há também um barco com subida e descida em qualquer parada, desde a Petofi tér até a Ilha Margarida. Os bilhetes servem tanto para as duas linhas de ônibus como para o barco, por períodos de 24 ou 48 horas. As crianças de menos de 6 anos não pagam.

Um passeio a pé por Peste e Buda sai da Andrassy út 22 (ao lado da Ópera Estatal Húngara) todos os dias, às 10h. O passeio é gratuito, mas costuma-se dar uma gorjeta ao guia.

Outros passeios a pé gratuitos saem da Vörösmarty tér, em geral entre as 10h e as 11h. É hábito dar uma gorjeta ao guia.

A **Viator** oferece dois passeios interessantes – um pela Budapeste comunista, para visitar os locais da Revolução de 1956, e o outro pela Budapeste judaica. Saem da Vörösmarty tér às 15h30, todos os dias.

Onde Comer

Budapeste tem inúmeras opções de lugares para comer, para todos os bolsos, e a comida faz parte da cultura. Em húngaro, *étterem* é a palavra para "restaurante" que serve qualquer tipo de culinária. *Csárda* é uma palavra mais útil, usada para locais de comida tradicional. Já *vendégl* é em geral um tipo de bistrô informal, ao passo que *cukrászda* é uma confeitaria.

Muitos lugares servem opções vegetarianas, com pratos como o lescó (tomate e pimentão fritos) e goulash vegetariano.

Ao pedir carne, especifique o ponto que prefere ou ela pode ser servida muito passada. Os acompanhamentos e os legumes são pedidos à parte. Os húngaros, em geral, pedem sobremesa e prato principal juntos.

Como em toda a Europa, costuma-se deixar uma gorjeta de 10%.

As crianças são bem-vindas nos restaurantes, mas há poucas opções de cardápios infantis.

Onde Ficar

Budapeste tem uma ampla variedade de opções para hospedagem e é especialmente bem servida de hotéis de luxo. Muitos dos belos palácios do século XIX hoje estão reformados para receber visitantes afortunados, mas há inúmeros hotéis de preços médios ou bem em conta.

Quando for decidir onde ficar, escolha em primeiro lugar a localização geral desejada, o que significa optar por Buda ou Peste. Em Peste, muitos hotéis ficam a poucos passos das principais atrações turísticas e também dos restaurantes e da vida noturna. Quem procura um lugar mais calmo deve optar por Buda. Os preços de hospedagem são razoáveis para os padrões da Europa Ocidental, e se você reservar via **Airbnb**, **Trivago**, **Booking.com** e **HRS** pode conseguir descontos. Não é difícil encontrar quartos duplos, em lugares de primeira linha, por cerca de Ft30.000. O preço do quarto em um hotel médio é Ft28.000.

INFORMAÇÕES

INFORMAÇÕES GERAIS
☎ 199

JORNAIS E REVISTAS

Budapest Times
W budapesttimes.hu

Funzine Budapest
W funzine.hu

World Press House
MAPA C4 ■ V, Városház utca 3-5

FONTES DE INFORMAÇÃO

Budapest
W budapest.hu

Budapest Gay Guide
W budapest.gayguide.net

Budapest Information
W budapestinfo.hu

Hungary Tourism
W hungarytourism.hu

Tourinform
MAPA C4 ■ V, Sütő utca 2 (Deák tér)
☎ 06 438 80 80 (24h)

EXCURSÕES/PASSEIOS

City Tour
W citytour.hu/en

Passeios a Pé Gratuitos
W triptobudapest.hu
W freebudapesttours.hu

Viator Tours
W viator.com/budapest-walks

RESERVAS DE HOTEL

Airbnb
W airbnb.com

Booking.com
W booking.com

HRS
W hrs.com

Trivago
W trivago.com

Onde Ficar

CATEGORIAS DE PREÇO
Para quarto de casal padrão por noite (com café da manhã, se incluso), mais taxas e sobretaxas.

F até Ft15.000 **FF** Ft15.000-30.000 **FFF** acima de Ft30.000

Hotéis de Luxo

Mamaison Andrássy Boutique Hotel

MAPA M2 ■ VI, Andrássy út 111 ■ 06 462 21 00 ■ www.mamaison.com ■ FF
O Andrássy oferece toda a elegância com que se pode sonhar. Parte do grupo Small Luxury Hotels of the World, fica no mais luxuoso bulevar da cidade. Os quartos são lindamente decorados e há um ótimo restaurante.

Corinthia Grand Hotel Royal

MAPA D3 ■ VII, Erzsébet körút 43-9 ■ 06 479 40 00 ■ www.corinthia.com ■ FFF
Da fachada em estilo Secessão restaurada ao lindo átrio e o belo saguão, o Grand Royal recebe hóspedes distintos desde 1896. Por sua localização central, quartos elegantes e ótimos restaurantes, esse hotel é realmente fabuloso.

Hilton Budapest

MAPA G2 ■ I, Hess András tér 1-3 ■ 06 889 66 00 ■ www.budapest.hilton.com ■ FFF
A imponente fachada do Hilton de Budapeste é um dos pontos mais reconhecíveis do Bairro do Castelo. Trata-se de um hotel fantástico, com quartos luxuosamente decorados, muitos deles com vista imperdível para o Danúbio.

Iberostar Grand

MAPA K2 ■ V, Október 6 utca 26 ■ 06 354 30 50 ■ www.iberostar.com ■ FFF
Luxo e opulência perto da Catedral de Santo Estêvão. Os quartos espaçosos são magnificamente decorados e há um grande leque de serviços extras. Tem também um ótimo spa.

Kempinski Hotel Corvinus Budapest

MAPA L3 ■ V, Erzsébet tér 7-8 ■ 06 429 37 77 ■ www.kempinski-budapest.com ■ FFF
O arrojado Kempinski Corvinus tem fachada modernista, mas o interior oferece uma decoração exuberante, banheiros de mármore e luxo discreto. A maior parte dos quartos dá para a Praça Elizabeth.

Nemzeti

MAPA D4 ■ VIII, József körút 4 ■ 06 477 45 00 ■ www.hotel-nemzeti-budapest.hu/en ■ FFF
Esse prédio neoclássico esconde quartos de estilo contemporâneo. O saguão e as áreas comuns são deslumbrantes, e o bar de vinhos está sempre animado no fim da noite.

Queen's Court

MAPA D4 ■ VII, Dob utca 63 ■ 06 882 30 00 ■ www.queenscourthotelbudapest.com ■ FFF
Embora não muito atraente por fora, o interior do hotel Queen's Court oferece o que há de melhor, com suítes soberbamente projetadas. Possui piscina interna e academia luxuosas.

The Ritz-Carlton Budapest

MAPA L3 ■ V, Erzsébet tér 9-10 ■ 06 429 55 00 ■ www.ritzcarlton.com ■ FFF
Perfeita combinação de elegância e conforto, o Ritz-Carlton está muito bem localizado na Praça Elizabeth. O edifício é tombado e muito bem mobiliado em estilo despojado e moderno.

Grandes Hotéis Históricos

Danubius Hotel Gellért

MAPA L6 ■ XI, Szent Gellért tér 1 ■ 06 889 55 00 ■ AD ■ www.danubiushotels.com/gellert ■ FF
Desde a Primeira Guerra Mundial, o Gellért hospeda ricos e famosos, que apreciam seu charme em estilo Secessão e suas termas. Os quartos, muito bem conservados, têm vista para o Danúbio *(pp. 20–1)*.

Boscolo New York Palace Budapest

MAPA D4 ■ VII, Erzsébet körút 9–11 ■ 06 886 61 11 ■ www.boscolohotels.com ■ FFF
Nesse luxuoso hotel, todas as superfícies são ricas em mármore, bronze, aço e vidro, e cada suíte tem uma banheira de mármore. Nele fica o elegante New York Café,

um dos grandes redutos literários do século XX *(p. 98)*.

Buddha-Bar Hotel

MAPA L4 ■ V, Váci utca 34 ■ 06 799 73 00 ■ www.buddhabarhotel.hu ■ FFF

Esse elegante hotel cinco estrelas, situado no Palácio Klotild, tem 102 quartos e boa variedade de suítes. O Buddha-Bar é equipado com a mais recente tecnologia e o mais luxuoso conforto.

Hotel Continental Zara

MAPA M4 ■ VII, Dohány utca 42–4 ■ 06 815 10 00 ■ www.continentalhotelbudapest.com ■ FFF

Esse prédio, com bela fachada art nouveau, funcionou como termas nos anos 1900. Hoje é um hotel moderno, orientado para viajantes a negócios, com jardim, academia e piscina na cobertura.

Palace Zichy

MAPA D5 ■ VIII, Lőrinc pap tér 2 ■ 06 235 40 00 ■ www.hotel-palazzo-zichy.hu ■ FFF

A mansão neobarroca construída para o conde Zichy em 1899 hoje é um luxuoso hotel. Os lindos quartos são amplos, e o bufê do café da manhã é um dos melhores da cidade.

Hotéis-Butique

Bohem

MAPA L5 ■ V, Molnár utca 35 ■ 06 327 90 20 ■ www.bohemarthotel.hu ■ FF

Esse "hotel artístico" apresenta obras de artistas locais. É muito bem localizado, a poucos metros do Danúbio e da Váci utca, e os preços dos quartos são bastante razoáveis, tendo em conta a natureza luxuosa e elegante do lugar.

Boutique Hotel Budapest

MAPA L5 ■ V, Só utca 6 ■ 06 920 21 00 ■ www.boutiquehotelbudapest.com ■ FF

O interior minimalista e contemporâneo lhe dá um aspecto inovador. O restaurante tem uma ótima culinária fusion.

Brody House

MAPA M4 ■ VIII, Bródy Sándor utca 10 ■ 06 266 12 11 ■ www.brodyhouse.com ■ FF

Esse hotel-butique fica ao lado de um clube privado. A área comum oferece uma linda vista para o parque ao lado do Museu Nacional, e a biblioteca oferece muitos títulos. Os funcionários estão sempre dispostos a dar informações sobre a cidade aos visitantes.

Parlament

MAPA L1 ■ V, Kálmán Imre utca 19 ■ 06 374 60 00 ■ www.parlament-hotel.hu ■ FF

Atrás da linda aparência exterior, os quartos se destacam pelo piso de madeira e o design elegante e simples. Há um bom spa, além de restaurante e bar.

Three Corners Boutique Hotel Bristol

MAPA E4 ■ VIII, Kenyérmező utca 4 ■ 06 799 11 00 ■ www.threecorners.com ■ FF

Hotel bem despojado e tranquilo, apesar da localização perto da estação ferroviária. Os funcionários sempre se mostram dispostos a agradar e o bufê do café da manhã é excelente.

Aria

MAPA L3 ■ V, Hercegprímás utca 5 ■ 06 445 40 55 ■ www.ariahotelbudapest.com ■ FFF

Por pertencer ao seleto Library Group, o Aria tem tema musical. O elegante pátio interno é de tirar o fôlego, assim como os belos quartos, projetados individualmente em estilos peculiares. O melhor de tudo é o bar da cobertura, com uma incrível vista.

Mamaison Residence Izabella Budapest

MAPA D3 ■ VI, Izabella utca 61 ■ 06 475 59 00 ■ AD ■ www.mamaison.com ■ FFF

Apartamentos de um, dois ou três quartos espaçosos numa ótima localização, ao lado da rua mais seleta da cidade, Andrássy út. Recepção 24 horas, estacionamento, segurança e academia.

Hotéis com Vista para o Danúbio

Buda Gold

MAPA A5 ■ I, Hegyalja út 14 ■ 06 209 47 75 ■ AD ■ www. goldhotel.hu ■ FF

Esse esplêndido hotel de Buda é situado perto da Cidadela. Alojado em um ótimo prédio, completado por uma torre, foi construído em 1997. Seus quartos têm piso de cerejeira e uma linda vista do Danúbio ou das colinas de Buda. Os quartos da torre, embora caros, são os melhores.

Hotel Victoria

MAPA H2 ▪ I, Bem rakpart 11 ▪ 06 457 80 80 ▪ www.victoria.hu ▪ FF

Localizado abaixo do Castelo de Buda, na margem do Danúbio, esse charmoso hotel de categoria média tem 27 quartos espaçosos e bem equipados, com linda vista do rio. A equipe é muito prestativa.

Lánchíd 19

MAPA J4 ▪ I, Lánchíd utca 19 ▪ 06 457 12 00 ▪ www.lanchid19hotel.com ▪ FF

Na margem de Buda, esse moderno "hotel design" tem uma singular fachada de vidro cuja cor muda à noite. A decoração tem muitos toques de design. Os quartos são amplos, equipados com aparelhos de alta tecnologia, e a maior parte tem vista para a cidade. As suítes da cobertura são excelentes.

art'otel

MAPA H1 ▪ I, Bem rakpart 16-19 ▪ 06 487 94 87 ▪ AD ▪ www.artotels.com ▪ FFF

Em um lindo prédio neobarroco na margem do Danúbio, esse hotel contemporâneo se inspira na arte e no design modernos. Ali estão expostas obras do artista americano Donald Sultan, e o conceito artístico está em tudo, desde os tapetes até os talheres.

Budapest Marriott

MAPA K4 ▪ V, Apáczai Csere János utca 4 ▪ 06 486 50 00 ▪ www.marriott.com/budhu ▪ FFF

Primeiro hotel cinco estrelas de Budapeste, o Marriott data de 1969 e sua arquitetura modernista ainda se destaca na margem do Danúbio. Todos os quartos têm vista incrível.

Four Seasons Hotel Gresham Palace

MAPA K3 ▪ V, Széchenyi István tér 5-6 ▪ 06 268 60 00 ▪ AD ▪ www.fourseasons.com ▪ FFF

O preço por ficar no hotel mais caro da cidade se torna insignificante ao se entrar no saguão – uma maravilha de design moderno, num ambiente clássico. Marco do estilo Secessão, o Gresham Palace tem um serviço primoroso e vista para a Ponte das Correntes, o Danúbio e as colinas de Buda *(p. 83)*.

Intercontinental

MAPA K3 ▪ V, Apáczai Csere János utca 12-14 ▪ 06 327 63 33 ▪ www.budapest.intercontinental.com ▪ FFF

Quartos espaçosos com janelas que dominam o Danúbio são o principal traço desse hotel sempre popular. A área reservada à recepção é agradável, e o restaurante Corso tem recebido excelentes críticas, especialmente pelo brunch de domingo.

Sofitel Budapest Chain Bridge

MAPA K3 ▪ V, Széchenyi István tér 2 ▪ 06 266 12 34 ▪ www.sofitel.com ▪ FFF

Situado na Széchenyi István tér, com vista para o Danúbio e o Palácio Real, esse hotel oferece quartos bem iluminados por amplas janelas. O Café Paris-Budapest, com sua culinária inovadora, é um ótimo lugar para relaxar.

Flats de Categoria Média

Dominika Apartman Hotel

MAPA N2 ▪ XII, Lidérc utca 13 ▪ 06 246 00 62 ▪ AD ▪ Sem ar-condicionado ▪ www.dominikahotel.hu ▪ F

Na escala mais em conta dos flats, esses ótimos apartamentos ficam alojados numa deliciosa pousada de um subúrbio verdejante de Budapeste. Há um agradável terraço e uma piscina nos fundos do prédio.

Carlton Hotel

MAPA H3 ▪ I, Apor Péter utca 3 ▪ 06 224 09 99 ▪ www.carltonhotel.hu ▪ FF

De aparência austera, o Carlton é um bom hotel de preço médio. A decoração é básica, mas os 95 quartos são confortáveis e têm ar-condicionado. O preço do quarto inclui o ótimo bufê de café da manhã.

Ibis Centrum

MAPA M5 ▪ IX, Ráday utca 6 ▪ 06 456 41 00 ▪ AD ▪ www.ibis.com ▪ FF

Faz parte da rede Ibis, que oferece um nível decente de acomodações a preço baixo. Como está situado numa das ruas mais movimentadas da cidade, os quartos têm isolamento acústico. Oferece um lindo pátio ajardinado.

Locust Tree Apartments

MAPA D4 ▪ VII, Akacfa utca 12 ▪ 0670 394 26 51 ▪ www.locusttreeapartments.com ▪ FF

Moderno não significa sem alma. Esse flat descontraído, numa rua agitada repleta de casas noturnas, bares e cafés, oferece TV a cabo, chá, café e lavanderia – tudo por um preço em conta.

Manzárd Panzió

MAPA F6 ■ Bláthy Ottó utca 21 ■ 06 210 41 41 ■ www.manzardpanzio.com ■ FF

Situado numa área residencial no centro de Budapeste, o Manzárd Panzió é um hotel charmoso e simples. Possui amplo jardim, fornece Wi-Fi gratuito e organiza festas com churrasco e goulash.

Sissi

MAPA P2 ■ IX, Angyal utca 33 ■ 06 215 00 82 ■ AD ■ www.hotelsissi.hu ■ FF

Inspirado em Elizabeth (Erzsébet) – esposa do imperador Francisco José II (Franz József II) –, que era chamada de Sissi por seus amigos, esse hotel merece o nome que tem. O local é charmoso, bem equipado e tem 44 quartos, alguns com sacada. Vários quartos são para não fumantes.

City Gardens Apartment Hotel

MAPA M1 ■ VI, Ó utca 43-49 ■ 0620 285 08 07 ■ www.citygardensbudapest.com ■ FFF

Todo o conforto moderno desejável – tem DVDs, aparelhos para chá/café e Wi-Fi de graça – faz desses apartamentos uma alternativa viável aos hotéis tradicionais. O prédio abriga também academia e sauna para hóspedes. Ao fazer reserva, combine o traslado do aeroporto.

Estadias Baratas

Boat Hostel Fortuna

MAPA C1 ■ XIII, Szent István Park, Alsó rakpart ■ 06 288 81 00 ■ www.fortunahajo.hu ■ F

A maior parte desse barco é usada como hotel de boa qualidade, porém existem dormitórios no porão, considerado como albergue. São menos caros, porém mais procurados que os quartos do hotel.

Carpe Noctem Vitae Hostel

MAPA D4 ■ VII, Erzsébet körút 50 ■ 0670 670 03 87 ■ www.budapestpartyhostels.com ■ F

Esse animado albergue propõe dormitórios de diferentes tamanhos e quartos privativos. Tem ótima equipe, banheiros imaculadamente limpos e um dos melhores ambientes da cidade. Não é recomendado para quem gosta de silêncio.

easyHotel Budapest Oktogon

MAPA M1 ■ VI, Eötvös utca 25/a ■ www.easyhotel.com ■ F

Na parte histórica de Peste, no cruzamento da Andrássy út e Oktogon, sua localização é imbatível. Os quartos, simples e despojados, têm banheiro privativo e, mediante taxa, Wi-Fi e TV.

Full Moon Hostel

MAPA C2 ■ V, Szent István körút 11 ■ 06 792 90 45 ■ www.fullmoonhostel.com ■ F

Claro e colorido, com retratos de astros do rock dos anos 1960 em todos os cantos, esse albergue aberto até tarde oferece acomodações decentes com uma série de opções e até quartos privativos.

Gaia Hostel

MAPA L4 ■ V, Kossuth Lajos utca 17 ■ 0630 957 89 57 ■ F

Há muitas opções de quartos, desde duplos e elegantes até dormitórios mais simples. Bem localizado no centro da cidade, fica a poucos metros do metrô.

The Groove

MAPA C2 ■ XIII, Szent István körút 16 ■ 06 786 80 38 ■ www.groovehostel.hu ■ F

Simpático albergue com ótima equipe, em um local decente, perto de quase tudo. Tem dormitórios para quatro, seis ou oito pessoas e quartos duplos privativos. A área comum fica animada à noite.

Shantee House

MAPA N2 ■ XI,Takács Menyhért utca 33 ■ 06 385 89 46 ■ www.backpackbudapest.hu ■ F

Popular entre os jovens mochileiros, esse albergue está sempre lotado. Há um pátio e, embora básicos, os quartos são impecáveis e a roupa de cama é trocada diariamente. Não tem ar-condicionado nos quartos.

Fifteen Boutique Hostel

MAPA A3 ■ XII, Széll Kálmán tér 15 ■ 06 794 97 69 ■ www.facebook.com/budapestfifteen ■ FF

Albergue acima da média, tem banheiros dignos de hotéis de luxo. Perto do bairro do Castelo, é ideal pela vista, mas não para a vida noturna.

Veja as categorias de preço dos hotéis na p. 114

Índice Geral

Números de páginas em **negrito** referem-se a destaques Top 10.

Agradecimentos

O Autor

Linguista por formação, Craig Turp passou grande parte de sua vida adulta estudando e escrevendo sobre os idiomas e os moradores da Europa Central e do Leste Europeu. Escreveu vários guias sobre a região e integra a equipe que publica a série independente *In your pocket*. Mora em Bucareste, na Romênia.

Diretora de publicações Georgina Dee

Publisher Vivien Antwi

Diretor de arte Phil Ormerod

Editorial Michelle Crane, Rachel Fox, Fay Franklin, Priyanka Kumar, Sally Schafer, Hollie Teague, Sophie Wright

Diagramação Tessa Bindloss, Richard Czapnik, Marisa Renzullo Stuti Tiwari

Fotografia adicional Demetrio Carrasco, Rough Guides/Eddie Gerald

Pesquisa iconográfica Ellen Root, Lucy Sienkowska, Rituraj Singh

Cartografia Subhashree Bharti, Uma Bhattacharya, James Macdonald, Casper Morris

Produção gráfica Jason Little, Azeem Siddiqui

Produção Che Creasey

Apuração Krisztián R. Hildebrand

Revisão Susanne Hillen

Índice Helen Peters

Créditos das Imagens

Os editores gostariam de agradecer às seguintes pessoas, empresas e bibliotecas de imagens pela permissão de reproduzir suas fotografias:
(**Legenda:** a-acima; b-embaixo; c-centro; f-afastado; e-esquerda; d-direita; t-topo)

123RF.com: asafeliason 81cda; Michal Bednarek 94cea; Alex Tihonov 96b.

4Corners: Massimo Borchi 61ce; SIME/ Davide Erbetta 60te; Richard Taylor 1, 24-5.

Restaurante Alabárdos: 55cea.

Alamy Stock Photo: AD Photo 4ceb; age fotostock/Renaud Visage 3te, 66-7; Agencja Fotograficzna Caro/Muhs 58ce; Alpineguide 31bd; Eyal Bartov 91ce; Blend Images/Spaces Images 11cd; Danita Delimont/Jim Engelbrecht 42ce; Zoltan Fabian 77cea; Peter Forsberg 4cea, 89cda; funkyfood London - Paul Williams 100cea; imageBROKER/ Hermann Dobler 72bd; Images-Europa 76te; incamerastock 3td, 106-7; Interfoto/Fine Arts 88cda; JTB MEDIA CREATION, Inc./JTB Photo 37te, /UIG 96te; John Kellerman 4t, 11te, 11cdb, 17te, 69cda; 75bd, 76b, 89be, 90cda; Andriy Kravchenko 18-9; Motion/Horizon Images 50ceb; B. O'Kane 20bc; Bernard O'Kane 18c; Mo Peerbacus 48bd, 52bd, 61td; Photicon 70b; SFM GM WORLD 102te; Anna Todero 59bd; Endless Travel 43te; TravelCollection 47ce; TravelCollection/ Darshana Borges 64cea; Zoonar GmbH/Heinz Leitner 55td.

Arany Kaviár Étterem: 73cd.

Asztalka Cukrászda : 79cb.

AWL Images: Ken Scicluna 4ce.

Baraka: Zsolt Batar 54bd.

The Big Fish: Barnabas Imre 99be.

Borbíróság Étterem: 93cd.

Boscolo Budapest: New York Café 57b, 98t.

Boutiq'Bar: 59ce.

Bridgeman Images: The Stapleton Collection/ Private Collection 40t.

Budai Gesztenye és: 105cd.

Budapest Wine Festival: Zsolt Szigetvary 63ce.

Corbis: Atlantide Phototravel/ Massimo Borchi 18bd, 53cdb, 83cea; JAI/Neil Farrin 19te; Leemage 41bd; Ottochrome/Nathan Benn 36bd; Sylvain Sonnet 15td, 20ce, 45te; Sygma/ Bernard Bisson 41ce; Xinhua/Attila Volgyi 53te.

Danubius Hotel Gellért: 20-1c,21cd,79cda; Café Astoria 92cea.

Doblo: 56td, 92bd.

Dreamstime.com: Alessandro0770 11bc; Alinamd 38-9c; Anilah 36-7; Artzzz 61bd; Asafta 59te; Michal Bednarek 4b; Belizar 11td; Ivan Vander Biesen 2te, 8-9; Bimserd 10be; Boggy 10cea,13bd; Bramble100 37bc; Ccat82 23e; Ciolca 74te; Demerzel21 10ceb, 80te; Chris Dorney 4cda, 95bd; Razvan Ionut Dragomirescu 49d; Dziewul 81b; Shchipkova Elena 2td, 38-9b, 95cea; Stefano Ember 18cea; Emicristea 29be; Empipe 47td; Aaron Frutman 4cdb; Igorp1976 60bd; Laraclarence 22cd; Ihsin Liu 63bd; Mikhail Markovskiy 16bc, 48t; Milosk50 12-3; Roland Nagy 78b; Tatiana Savvateeva 51b, 101bd; Scanrail 16ce, 82t; Stephan Scherhag 65bd; Sgar80 16-7; Peter Spirer 13ca; Tartalia 30cea; Tomas1111 7td,10c; Tupungato 103ce; Ferenc Ungor 36cea; Svetlana Voronina 47bd; Wavemovies 37c, 44b; Hilda Weges 30-1, 65t; Noppasin Wongchum 6te, 69b, 86-7.

Ethnographical Museum: 43c.

Four Seasons Hotels and Resorts - Gresham Palace: 85cd

Gerbeaud Gasztronomia Ltd: 54te, 54c, 57td.

Getty Images: Bloomberg/Akos Stiller 50td; DEA/S. Vannini 30cdb.

Festival de Arte Popular: 62bd.

Assembleia Nacional Húngara: 15be; Mark Mervai 12be.

Museu Nacional Húngaro: 34td, 34cea,34bd, 35te, 35cdb.

Ópera Nacional Húngara: Attila Juha 32cea; Attila Juhasz 32-3, 33te; Attila Nagy 32bd; 82bd.

Museu Kassák: 104cea.

Magnolia Day Spa: 46td.

Mary Evans Picture Library: 40be.

Memories of Hungary: 59cd.

Miniversum: 52ce.

Museu de Belas-Artes de Budapeste: Gyula Benczür *A reconquista do Castelo de Buda em 1686* 26ce; Károly Ferenczy *Canto do pássaro* 1667 27tc; Lajos Gulácsy *O jardim do mágico* 1906-1907/Fehér Katalin 29c; Master MS *A visita* 1500-1510 26td; Mihály Munkácsy *O aprendiz com sono* 1869/Mester Tibor 26cdb; József Rippl-Rónai *Dama com vestido de bolinhas brancas* 1898 28tc; József Rippl-Rónai *O Solar de Körtvélyes* 1907/ Berényi Zsuzsa 28be; János Vaszary *Baile de Máscaras* 1907 28cdb.

Oscar American Cocktail Bar: 72cea.

Ötkert: Soós Bertalan 84ce.

Rex by Shutterstock: Colorsport 102bd; N 51cd.

Robert Harding Picture Library: Stuart Black 70te; Peter Erik Forsberg 71cea; Eduardo Grund 97ce; Mel Longhurst 43bd; Carlo Morucchio 45cd; Ingolf Pompe 90be.

SuperStock: age fotostock/Domingo Leiva Nicolas 10cdb; imageBROKER 22cea, / Matthias Hauser 23bd.

Sziget: Sa ándor Csudai 62t.

Szimpla Kert: 56ce.

Törley Museum: 101cea.

Wekerle Community Association: Miklós; dr.Toldy 104bd.

Capa

Frente e lombada – **Getty Images:** Romeo Reidl

Contracapa – **Dreamstime.com:** Rudi1976.

Capa do Mapa Avulso

Getty Images: Romeo Reidl.

Todas as outras imagens © Dorling Kindersley. Para mais informações: www.dkimages.com.

DK | Penguin Random House

Título original: Top 10 Budapest

Publicado originalmente no Reino Unido em 2006 pela Dorling Kindersley Limited, uma empresa da Penguin Random House, 80 Strand, WC2R 0RL, Londres, Inglaterra.

ISBN 978-85-7914-386-1
3ª edição brasileira

Coordenação do projeto: Publifolha

Produção editorial: Página Viva

Edição original: DK

Este livro segue as regras do Acordo Ortográfico da Língua Portuguesa (1990), em vigor desde 1º de janeiro de 2009.

Impresso na China.

Foi feito o possível para garantir que as informações deste guia fossem as mais atualizadas até o momento do fechamento desta edição. No entanto, alguns dados, como telefones, preços, horários de funcionamento e informações de viagem, estão sujeitos a mudanças. Os editores não podem se responsabilizar por qualquer consequência do uso deste guia, nem garantir a validade das informações contidas nos sites indicados.

Os leitores interessados em fazer sugestões ou comunicar eventuais correções podem escrever para atendimento@publifolha.com.br.

PUBLIFOLHA
Divisão de Publicações do Grupo Folha
Al. Barão de Limeira, 401, 6º andar
CEP 01202-900, São Paulo, SP
www.publifolha.com.br

UM MUNDO DE IDEIAS
www.dk.com

Frases

Emergência

Socorro!	**Segítség!**	**chég**uithig!
Pare!	**Stop!**	shtôp!
Chame um médico!	**Hívjon orvost!**	**hiv**ion **ôr**vôsht!
Chame a ambulância!	**Hívjon mentőt!**	hivion mêntut
Chame a polícia!	**Hívja a rendőrséget**	**hiv**ia ó **ren**dor **shi**gét
Chame os bombeiros!	**Hívja a tűzoltókat!**	**hiv**ia ó **tuz**oltukót!
Onde há um telefone?	**Hol van a legközelebbi telefon?**	rol vón ó **lég**queuzélébi **tél**éfon?
Onde fica o hospital mais próximo?	**Hol van a legközelebbi kórház?**	rol vón ó **lég**queuzélébi **kôr**ás?

Comunicação Essencial

Sim/Não	**Igen/Nem**	**ig**uén/ném
Por favor (oferta)	**Tessék**	**téch**êk
Por favor (pergunta)	**Kérem**	**quêrém**
Obrigada	**Köszönöm**	**queuss**euneum
Não, obrigada	**Köszönöm, nem**	**queuss**euneum ném
Com licença, por favor	**Bocsánatot kérek**	**botsh**anótot **quê**rék
Bom dia	**Jó napot**	io **nóp**ot
Boa noite	**Jó estét**	io **éch**têt
Até logo	**Viszontlátásra**	**vis**ontlatachró
O quê?	**Mi?**	mi?
Quando?	**Mikor?**	**mi**kor?
Por quê?	**Miért?**	**mi**êrt?
Onde?	**Hol?**	rol?

Frases Úteis

Como vai?	**Hogy van?**	**hod**j vón?
Muito bem, obrigado	**köszönöm nagyon jól**	**queuss**euneum **nódj**on iol
Prazer em conhecer	**Örülök hogy megismerhettem**	**eu**rüleuk **hodj méguich**-mér-rétém
Onde posso conseguir… ?	**Hol kaphatok …-t?**	rol **kóp**rrótok …-t?
Como chego a...?	**Hogy lehet …-ba eljutni?**	**hod**j **lér**rét …-bó **él**iutni?
Você fala inglês?	**Beszél angolul?**	**béss**êl **óng**olul?
Não falo húngaro	**Nem beszélek magyarul**	ném **béss**êlék **módj**órul
Não entendo	**Nem értem**	ném **ér**tem
Pode me ajudar?	**Kérhetem a segítségét?**	**kêr**étem ó **chég**uitsêgêt
Pode falar mais devagar, por favor?	**Kérem beszéljen lassabban**	**quê**rém **béss**êljén **lóch**óbón
Desculpe!	**Elnézést!**	**él**nêzêcht!

Palavras Úteis

grande	**nagy**	nódj
pequeno	**kicsi**	**kitsh**i
quente	**forró**	**fô**rou
frio	**hideg**	**rid**ég
bom	**jó**	io
ruim	**rossz**	ross
aberto	**nyitva**	**nit**va
fechado	**zárva**	**zar**va
esquerda	**bal**	ból
direita	**jobb**	iôb
entrada	**bejárat**	**bé**iarót
saída	**kijárat**	**ki**iarót

toalete	**WC**	vêtcê
desocupado	**szabad**	**sab**ód
grátis	**ingyen**	**in**guien

Ao Telefone

Posso ligar para outro país?	**Telefonálhatok innen külföldre?**	**tél**éfonálarrutuk **in**en **kül**drrétéc?
Posso deixar um recado?	**Hagyhatnék egy üzenetet?**	**rödj**rratnec édj **üz**énétét?
Espere	**Várjon!**	**var**ion!

Compras

Quanto custa?	**Ez mennyibe kerül?**	éz **ménh**ibé **kér**ül?
Você tem…?	**Kapható önöknél…?**	**cóp**róto **eun**euknêl?
Você aceita cartão de crédito?	**Elfogadják a hitelkártyákat?**	**el**fogud-yak uh **ri**télkartiakót?
A que horas vocês abrem/fecham?	**Hánykor nyitnak/zárnak?**	**ranh**kor **nit**nók/zárnók?
este	**ez**	éz
caro	**drága**	**dra**gó
barato	**olcsó**	**ül**tchu
tamanho	**méret**	**mi**rét
branco	**fehér**	**fé**rrier
preto	**fekete**	**fé**keté
vermelho	**piros**	**pi**roch
amarelo	**sárga**	**char**gó
verde	**zöld**	zerld
azul	**kék**	kêk
marrom	**barna**	**bór**nó

Tipos de Loja

antiquário	**antikvárius**	**an**tikvariuch
banco	**bank**	bonk
livraria	**könyvesbolt**	**kun**iuvéchbolt
confeitaria	**cukrászda**	**tsuk**rasdó
farmácia	**patika**	**pó**tikó
loja de depart.	**áruház**	**ar**urraz
florista	**virágüzlet**	**vi**raguslét
mercado	**piac**	**pi**atz
banca de jornais	**újságos**	**u**ychagosh
correio	**postahivatal**	**posh**tarrivatal
loja de sapatos	**cipőbolt**	**tsi**purbolt
loja de suvenires	**ajándékbolt**	**ói**andikbolt
supermercado	**élelmiszerbolt**	**i**lemitserbolt
tabacaria	**trafikos**	**tra**fikoch
agência de viagens	**utazási iroda**	**ut**azashi írodó

No Hotel

Vocês têm vagas?	**Van kiadó szobájuk?**	vón **ki**ódo sobaiuk?
quarto com cama de casal	**francia-ágyas szoba**	**frant**sia-**ad**joch sobó
quarto com duas camas	**kétágyas szoba**	**ketssé**melhéch sobó
quarto simples	**egyágyas szoba**	**édjad**jóch sobó
quarto com banheiro/chuveiro	**fürdőszobás/zuhanyzós szoba**	**für**deu**ssob**ach/**zu**rranhozóch sobó
porteiro	**portás**	**por**tach
chave	**kulcs**	kultch
Fiz uma reserva	**Foglaltam egy szobát**	**fog**lóltóm édj **sob**at

Na Cidade

ônibus	**autóbusz**	**óu**tobus
bonde	**villamos**	**vil**amuch
trem	**vonat**	**von**ót
metrô	**metró**	**mé**tro

onto de ônibus	**buszmegálló**	**bus megalu**
aleria de arte	**képcsarnok**	**kip**tchornuk
alácio	**palota**	**pól**ota
reja	**templom**	**templ**om
rdim	**kert**	kért
blioteca	**könyvtár**	**kürn**vtar
useu	**múzeum**	**mu**zeum
formação turística	**túristahivatal**	**tur**ichtarri-votól
chado por férias	**ünnepnap zárva**	**ün**épnóp **zar**vó

No Restaurante

or favor, uma mesa para...	**Egy asztalt szeretnék... személyre**	édj **óst**ólt **sér**étnek... **sém**êlhré
uero reservar uma mesa	**Szeretnék egy asztalt foglalni**	**sér**étnek **édj óst**ólt **fog**lólni
conta, por favor	**Kérem a számlát**	**quê**rém ó **sam**lat
ou vegetariano	**Vegetáriánus vagyok**	**veg**uetarianuch **vói**ük
ostaria de...	**Szeretnék egy...-t**	**sér**étnek édj...-t
moço	**ebéd**	**éb**id
em passado	**átsütve**	**at**chutvé
afé da manhã	**reggeli**	**rég**ueli
ardápio	**étlap**	**ét**lóp
arta de vinhos	**itallap**	**it**ólóp
olher	**kanál**	**kón**al
oces	**édességek**	**id**échigeék
ntrada	**előételek**	**él**uitelék
ca	**kés**	quêch
arçom/ garçonete	**pincér/ pincérnő**	**pintc**êr/ **pintc**êrneu
arfo	**villa**	viló
arrafa	**üveg**	**ü**vég
ntar	**vacsora**	**vótch**ôra
alpassado	**angolosan**	**ongo**lochan
rato principal	**főételek**	**fu**itelék
ça	**pohár**	porrár

Cardápio

sványvíz	**ash**variviz	água mineral
árány	**bar**ran	carneiro
ors	bôrsh	pimentão
sirke	**kir**kék	frango
sokoládé	t**chok**oladi	chocolate
ukor	**tsuk**or	açúcar
cet	**éts**ét	vinagre
agylalt	**fód**iulct	sorvete
ehérbor	**fé**rrêrbor	vinho branco
okhagyma	**fuk**ógoimó	alho
ött	furt	cozido
omba	**gomb**o	cogumelos
yümölcs	**guiu**merlch	fruta
yümölcslé	**guiu**merlch-li	suco de frutas
agyma	**hói**mó	cebola
al	hol	peixe
ús	huch	carne
ávé	**ca**vê	café
enyér	**kén**hê	pão
umpli	**krum**pli	batata
olbász	**kol**bas	linguiça
eves	lévéch	sopa
arha	**mar**-ha	carne
ustár	**much**tar	mostarda
aradicsom	**po**rodichom	tomates
árolt	**pa**rolt	cozido
zs	ríj	arroz
fsztek	**bif**stéik	bife
ston	**roch**ton	grelhado
jt	chóyt	queijo
láta	**chol**ató	salada
sertéshús	c**hér**tich-huch	porco
só	cho	sal
sonka	**chon**kó	presunto
sör	cheur	cerveja
sült	shult	frito/assado
sült burgonya	shult **bur**gonha	batata frita
sütemény	**chü**téménh	bolos, doces
tea	**tay**-uh	chá
tej	téó	leite
tejszín	**téi**ssin	creme
tengeri hal	**tén**guéri ról	frutos do mar
tojás	**toy**ach	ovos
vörösbor	**veur**euchbor	vinho tinto
zsemle	**srrém**lé	pãozinho
zsemlegombóc	**srrém**lé-**gom**buts	bolinho

Números

0	**nulla**	**nul**ó
1	**egy**	**éd**j
2	**kettő, két**	**két**eu
3	**három**	**râr**om
4	**négy**	**néd**j
5	**öt**	eut
6	**hat**	rót
7	**hét**	rêt
8	**nyolc**	**n**holtc
9	**kilenc**	**ki**lentc
10	**tíz**	tiz
11	**tizenegy**	**tiz**énedj
12	**tizenkettő**	**tiz**énkéteu
13	**tizenhárom**	**tiz**énrrârom
14	**tizennégy**	**tiz**énnédj
15	**tizenöt**	**tiz**éneut
16	**tizenhat**	**tiz**énrrót
17	**tizenhét**	**tiz**énrrêt
18	**tizennyolc**	**tiz**énnholtk
19	**tizenkilenc**	**tiz**énkiléntk
20	**húsz**	russ
30	**harminc**	**rór**mintk
40	**negyven**	**néd**jvén
50	**ötven**	**eut**vén
60	**hatvan**	**rót**vón
70	**hetven**	**rét**vén
80	**nyolcvan**	**nholtc**vón
90	**kilencven**	**ki**léntcvén
100	**száz**	sáz
1.000	**ezer**	**éz**ér
10.000	**tízezer**	**tiz**ézér
1.000.000	**millió**	**mil**i

Horário

um minuto	**egy perc**	**édj** pértk
hora	**óra**	**o**ró
meia hora	**félóra**	**fêl**oró
domingo	**vasárnap**	**vóch**arnóp
segunda-feira	**hétfő**	**rêt**feu
terça-feira	**kedd**	quéd
quarta-feira	**szerda**	sérdó
quinta-feira	**csütörtök**	**tchü**teurteuk
sexta-feira	**péntek**	**pên**ték
sábado	**szombat**	**som**bót

Índice de Ruas Selecionadas